物流专业人才培养研究

王成林　贾美慧　王小亮　著

中国财富出版社

图书在版编目（CIP）数据

物流专业人才培养研究 / 王成林，贾美慧，王小亮著．—北京：中国财富出版社，2015.12

ISBN 978－7－5047－5998－6

Ⅰ．①物…　Ⅱ．①王…　②贾…　③王…　Ⅲ．①物流—物资管理—人才培养—研究　Ⅳ．①F252

中国版本图书馆 CIP 数据核字（2015）第 304750 号

策划编辑　张　茜　　**责任编辑**　曹保利　禹　冰

责任印制　方朋远　　**责任校对**　杨小静　　**责任发行**　斯　琴

出版发行　中国财富出版社（原中国物资出版社）

社　　址　北京市丰台区南四环西路 188 号 5 区 20 楼　　**邮政编码**　100070

电　　话　010－52227568（发行部）　　010－52227588 转 307（总编室）

010－68589540（读者服务部）　　010－52227588 转 305（质检部）

网　　址　http：//www.cfpress.com.cn

经　　销　新华书店

印　　刷　北京京都六环印刷厂

书　　号　ISBN 978－7－5047－5998－6/F·2524

开　　本　710mm×1000mm　1/16　　**版　　次**　2015 年 12 月第 1 版

印　　张　13.75　　**印　　次**　2015 年 12 月第 1 次印刷

字　　数　204 千字　　**定　　价**　42.00 元

前　言

光阴似箭，从事物流专业领域的人才培养工作已经近10年了，在不断地摸索前进过程中，自身角色也在不断转变，从负责专业教学的一名教师，转变为一名系部的负责人，现任北京物资学院物流学院分管教学的副院长，在学校新的发展环境下又担任了学校现代物流产业研究院常务副院长职务，期间还一直担任北京市物流与技术重点实验室的副主任。工作环境的变化，使得自己有了一个从不同视角、多个维度认识物流专业人才培养这项工作的机会，并组建了专注于这一领域的团队。近年来，我们有幸参与了包括北京市物流类实验教学示范中心、国家级物流类实验教学示范中心、北京市物流管理教学团队、商务部服务外部实践教学基地、北京市大学科技园、中关村智慧物流产业技术研究院、中关村开放实验室、物流实验室联盟等一系列的申报、建设和验收工作，在实践中摸索，在摸索中前进，在前进中总结，辛苦并快乐着，我们对于物流类人才培养研究的工作更加深化，也有了更多的领悟。

本书所涉及的内容主要是近5年来作者在该领域的教学科研论文，按照教学改革综合研究、专业实验室建设研究、校企合作研究、创新创业研究和物流产业领域人才培养研究设置了5个独立篇章，希望能够将我们的经验分享给有需要的人。书中收录的文章是在不同阶段撰写完成的，可以比较全面、系统、真实地反映作者认识上的变化，希望读者能够感知到这一过程，以便能够更好地对自身的工作起到良好的参考和借鉴作用。

本书的撰写得到了北京市教育委员会物流管理与工程科研平台、国家级物流系统与技术示范教学中心、北京市优秀教学团队、物流系统与技术重点实验室、北京市教委教学改革专项、山东省科技厅自主创新及成果转化专项等多个项目的支持，在此表示感谢；同时也要对积极参与相关工作的物流学院各位老师付出的辛勤劳动表示感谢，是你们的帮助、宽容和鼓励让我们充满了动力，有了更加明确的方向，也给我们创新的机会，让我们成长。

衷心希望物流类专业人才培养工作能够发展得更好，使得我们国家的物流事业能够不被人才所困，为社会、经济的发展做出更大的贡献。

作 者

2015 年 9 月

目 录

第一篇

教学改革综合研究篇

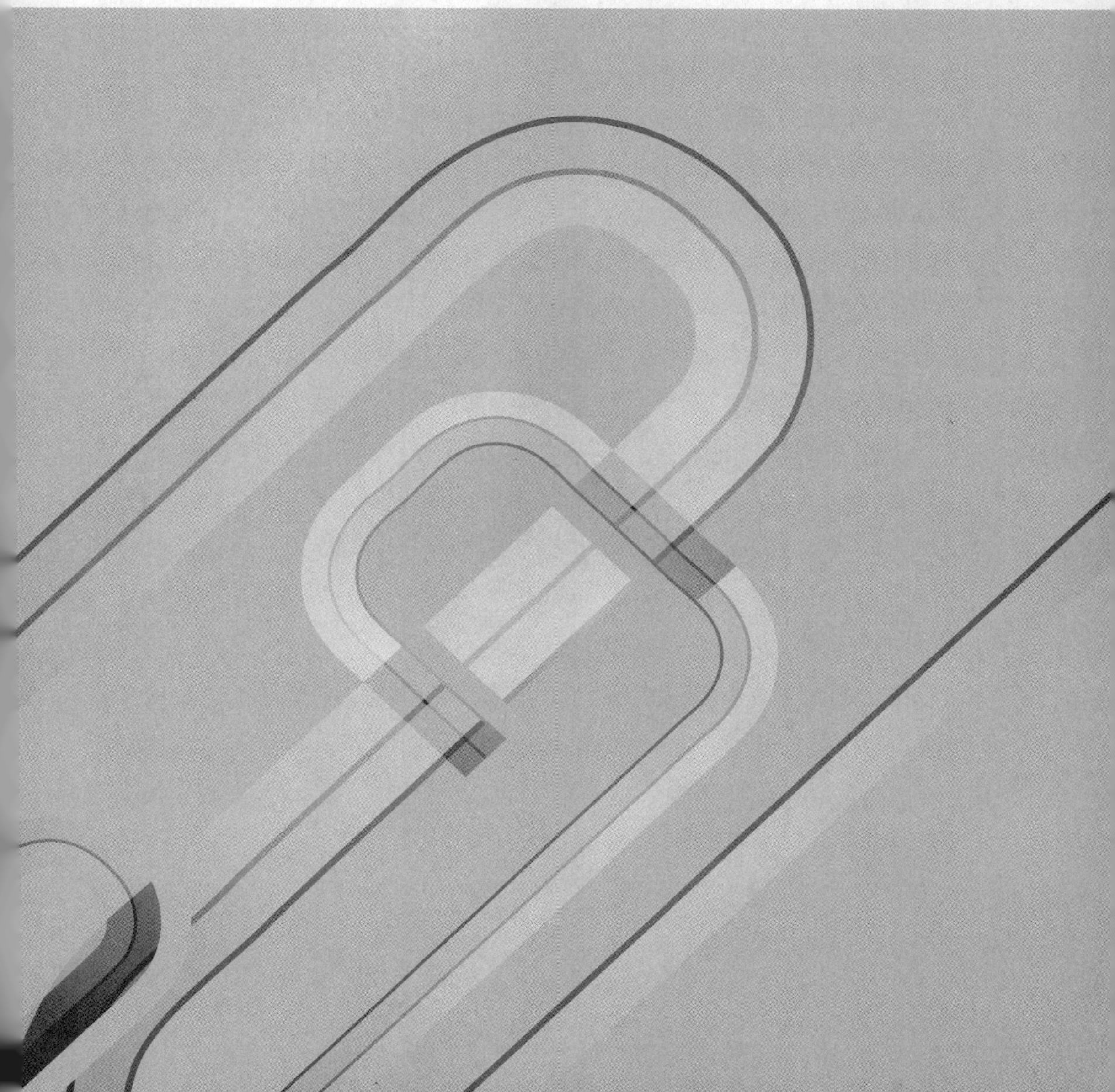

第一章　研究型物流实践教学研究

高等院校的智育工作要转变教育观念，改革人才培养模式，积极实行启发式和讨论式教学，激发学生独立思考和创新的意识，切实提高教学质量。要让学生感受、理解知识产生和发展的过程，培养学生的科学精神和创新思维习惯，重视培养学生收集处理信息的能力、获取新知识的能力、分析和解决问题的能力、语言文字表达能力以及团结协作和社会活动的能力。这是新时期整个社会对高等教育提出的新要求。教学要从实际出发，加强和改进对学生的实践教育，因为实践教学是培养学生实践动手能力和创新精神的重要途径，是高等教育教学体系的重要组成部分。作为社会高级专业人才培养的核心部分，高等院校的教学培养目标应该区别于高职教育的操作应用型高技能型人才的培养，侧重于研究型实践教学，提高学生的综合素质，使他们成为可以解决实际工程问题的高级应用型人才，特别是对于物流这种实践应用型技能要求比较高的学科，这种人才培养模式更为重要。

目前我国高等院校物流专业的研究型实践教学工作研究还没有深入展开，一些实践教学工作方法比较单一，主要以验证型和认知型居多，缺乏创造性，不能很好地激发学生的学习兴趣，不利于培养学生的思维能力和解决实际问题的能力，无法满足高级物流应用型人才的培养要求，因此，探索新型的研究型实践教学模式势在必行。

一、研究型实验教学模式的特征分析

目前随着科学技术的快速发展，知识扩展更新的速度快速提升，传统的侧重继承已有知识体系的教学模式已经越来越不能满足时代发展的需要。学生必须改变被动接受的传递式教学模式，应该主动地获取知识，掌握分析问题、解决问题的方法，以适应物流等实际应用复杂的作业要求。研究型实践教学模式就是适应这种人才培养需求，在实践教学过程中，以一定的教学理论为指导，合理地将教学活动诸影响要素联结起来，强调学生的探索性研究，以解决问题为中心，学生在教师指导下发现问题，提出解决问题的方法，并通过自己的活动找到答案的一种教学模式。

研究型实验教学模式改变了传统的学生接受式教学模式，而是以学生为主的问题探究教学模式，教师并不是教学过程的中心，不再是知识的单一传递者，在发挥教师主导作用的基础上，突出学生的主体作用，给予思考问题、发现问题和提出问题的时间和空间，鼓励学生的个性化发展和创新性思维方法的培养，是指具有科学探索的精神和求实的学习风气。

二、研究型物流实践教学体系的构建条件分析

实践教学体系的构建是保证实践教学取得较好效果的重要保证，包括师生主体地位的确认、教学目标的确定、教学方法的选取以及教学评价系统的构建等。

1. 师生主体地位的确定

学习是内在的心理建构的过程，研究型实践教学体系的构建首先要确定师生主体地位。教师应该是主导而不应取代学生的主体地位，教师不能在实践教学过程中一味强调自己的导向作用，要明确教师的教学活动展开是为了更好地为学生的学习服务，不能完全取代学生的自主研究型的学习活动，应该以学生为核心进行教学设计，以教导学、以教促学，这样换位思考就会激发学生的学生兴趣，使他们能够主动地融入教学活动。

2. 教学目标的选取

教学目标反映了社会、生产和科技发展的水平及对教育的要求。只有制定了适宜的教学目标，以此为基础制定合理的教学策略，有针对性

地安排具体的教学材料、方法以及学习活动，才能获得良好的教学效果。有效的教学效果是知识能力、直觉以及创造性等多方面的综合作用，并不是知识的简单传递与获取。目前由于长期受到应试教育的影响，很多情况下教学目标的实现得如何被单纯地用最后的考试成绩来衡量，学生将学习简单地理解成教材内容在考试时的再现活动，也没有真正掌握相关的专业知识，也没有意识到学习的真正目的并不是简单地掌握基础知识，不能单纯依赖教师的讲授和知识的简单记忆，而是一种思维方式和能力的培养，要建立自己的知识体系和认知体系，把握教师的思路和解决问题的办法，并将其应用于具体问题的解决。因此，研究型的实践教学应该将学习目标确定为学科知识的应用能力，同时侧重培养学生的创新精神和创新能力。

3. 教学方法的选取

研究型教学是指教师以课程内容和学生的学识积累为基础，引导学生创造性地运用知识和能力，自主地发现问题、研究问题和解决问题，在研讨中积累知识、培养能力和锻炼思维的新型教学模式。为了适应这种新型的培养目标就必须合理选取教学方法，可以通过引入课堂研究法、进行综合创新型实验、安排案例分析法、完成课外生产实践等多种教学方法进行研究型实践教学。

在研究型实践教学过程中要注意创建研究型的教学环境，发挥教师的引导作用，根据确定的教学目标，充分地利用已有教学条件，从而激发学生的兴趣和积极性，同时要注意引导学生发现问题，培养他们的观察能力，鼓励他们积极思考，并进行充分讨论，分析问题的实质，学生要勇于提出自己的观点，对一些已有的模式要勇于质疑，同时要综合自己的专业知识提出解决问题的方案，并尽可能地进行验证，以评价方案的可行性，并最终进行总结，对上述操作进行归纳、分析，凝练自己的观点，并以一定的形式进行体现，将所学的专业知识进行应用强化，实现预定的教学目标。

4. 教学评价系统的构建

研究型实践教学从教师的“教”和学生的“学”两个方面进行综合评价，在评价过程中要注意评价指标的多元化、客观性、标准性和可操作性。

首先应扩展评价的手段，改变以往一贯由教师通过考试进行结果性评价的传统方式，要重视教学过程的评价，而不是一味地强调结果。对于教师的考核不能照搬一般的教学考核模式，应与科研结合起来，建立集成评价体系，充分考虑科研型教学的多样性、复杂性等特殊条件。对于学生不应过多地强调结果，而应多注重学生研究学习过程中的学习态度、学习方法、学习效率。

三、研究型物流实践教学的实施实例

通过实践教学，要让学生在参与中验证书本知识和理论学说，构建起学生主动参与、亲身体验、主动探究的学习机制，引导学生发现现实中的问题，并运用所学理论去分析和解决问题，在“解决问题”中进行知识应用，提高思维水平和专业素养。从目前来看，实践教学的范畴包括课堂实践教学、实验课教学、社会调查、专业见习、毕业实习、科学研究训练、课程论文、毕业论文等多方面内容。结合目前物流的发展情况以及高等院校的教学实际条件可以开展以下教学活动。

1. 开设综合设计型实验课程

综合设计型实验不仅有利于验证不同学科的理论知识，而且有利于强化同一学科部分知识的联系，扩展不同课程理论知识间的联系，培养学生的知识综合应用能力。目前高等教育开设的实验课程大多是原理验证型的，并不利于学生科研能力的培养，要建立多层次的实验教学体系，在原理验证型的实验基础上建立多层次、多目标的综合实验教学体系，加大综合设计型实验课程的比重，体现由简单到复杂，由感性认识到理性认识的规律。开设的实验课程要注重学生的参与性及知识传授的应用性、经验性、综合性。在实验后不应该只是简单地进行数据的记录和整理，更要重视实验结果的分析，应开展实验论文的撰写工作，表达学生对问题的理解，凝练自己的观点，通过分析实验过程，对实验结果进行再认识，进一步深化理解，同时要安排论文的交流工作，展开讨论，充分展开学生的学习思路，培养其创造性。

北京物资学院依托北京市物流系统与技术示范教学中心进行了教学资料的数字化、自动化管理，利用自动立体化仓库，让学生对试卷等教学资料进行编码、储位管理等实验，取得了良好的效果。

2. 开展校企联合教学

由于物流的实务性、应用性很强，要求学生能够进行实践操作，单纯的书本知识并不能满足应用需要，必须将其转化为企业的“生产力”，因此开展校企联合教学，为学生提供理论知识的转化平台就显得格外重要。但是在操作过程中要注意不应该将施加教学简单地理解成岗位实习，不单单把学生定位为操作工人，而是在此基础上更加重视学生在实践操作过程中发现实际工程问题并分析解决，要撰写实习报告，提出作业流程和操作方法的不合理之处，并制订改进方案。通过对比执行进行方案的优劣分析，从而判断其合理性，并在此基础上进行二次改进。

北京物资学院通过建立的校外实训基地进行了物流实训，让学生深入物流企业，参与企业管理和运作，特别是与“世纪物流公司”合作，开展家电配送实习，对该公司的服务质量评价体系以及业务流程等多方面的业务进行改进，获得了一定的成效。

3. 深化科研与实践教学融合

科研与教学是密不可分的，教学内容大多是科研成果的转化，当前的科学研究都是处于本学科发展的前沿领域，是对未知领域的探索和工程问题的深入分析。

开展实践教学可以借助教师科研这一平台，让学生积极参与到科研工作的第一线。要客观地评价学生的专业水平，对科研工作进行分类，一些相对比较简单的工作，比如数据统计分析等可以由学生完成，让学生通过参与更加直观地学习科研的基本方法和操作形式。

北京物资学院积极为学生创造科研机会，实行本科生的导师制，让学生参与到实际科研工作中来，特别是教学仪器的研发，学生提出了很多合理化的建议，丰富了教学手段。

四、研究型物流实践教学实施的影响因素分析

研究型物流实践教学的实施可能受到多种因素的影响，为保证其效果，应着重考虑以下因素。

1. 应注意培养学生的科学精神

学生是教学的主体，学生的综合素质培养并不是简单的智育教育，要重视培养学生的科学精神，养成追求真理、实事求是的科学情操，要培养他们的思维方法和动手能力，从而掌握学习的方法，使其终身受用。特别是在研究型实验教学过程中要培养学生探索求真的科学精神，让他们理解许多基本理论是科研工作者研究思想的描述，并不是“金科玉律”，不要总是试图去寻找现成的答案，去寻求权威的解释说法，而要有科学研究的精神。同时要注意团结协作意识的培养，目前大多数科研成果都是通过很多人的共同努力获得的，要相互配合，较好的协作意识是十分重要的。

2. 构建和谐的教学氛围

要想实现研究型的实践教学，就必须构建和谐的教学氛围，教师和学生都应该与时俱进，进行适当的改变。

教师应该首先完善自身的知识结构，积极从事相应的科学研究，提高自身的科研水平和学术道德素养，不但能够给予学生更大的技术支持，还可以包容学生不同的学术观点，起到为人师表的典范作用。

学生也应该树立自信、自立、自强、自律的学习风气。首先要相信自己有能力完成研究型的实践教学活动，以一种积极的心态主动投入其中，在研究过程中要学会独立思考，而不是一味依赖教师，甚至抄袭其他同学

的成果。研究学习过程要注意不断地总结经验，强化理解，注意方法，增强自己的专业素养。科学研究是一个艰辛的探索过程，要耐得住寂寞，要静下心来苦心研究才会有收获，没有良好的自律能力是不行的。

3. 建立起完善的保障措施

进行研究型的实验教学工作必须有良好的保障措施，提供充足的人力、物力和财力。对于综合设计型实验要建立良好的实验室开放制度，保障学生有充足的时间和场地开展工作。对学生进行的研究型实验要通过列入教学计划等硬性措施来保障学生参与的充分性和较高的重视程度。对教师的工作也应有客观的评价，在考核等多方面提供支持，以保证教学工作的顺利开展。

教育部部长周济说："大学人才培养模式创新与否，关键在于充分调动学生的学习积极性，开启学生学习的内在动力。"开展研究型的实践教学活动可以充分激发学生的学习热情，变被动的以教师为主体的传授式教学为以学生为主体的主动的探索式学习。在遵循基本教学规律的基础上，结合物流学科应用性的具体特点，开展多元化的研究型实践教学势必会促进高等院校的物流专业人才培养，从而推动我国物流行业的快速健康发展。

第二章 高等院校物流工程技术专业人才培养模式研究

物流工程技术专业人才是目前物流产业人才需求的关键岗位，随着物流产业整体技术水平的提高，物流工程技术人才的需求在数量和质量上都在不断地增加。为了更好地培养物流工程技术人才，高等院校需要在培养模式上不断创新，以满足动态变化的物流专业人才需求。目前高等院校对工程技术人才的培养已经进行了多方面的探索，并形成了包括卓越工程师等在内的一系列培养体系，但是由于物流产业在我国发展较晚，对实操性要求较高，因此物流产业领域的工程技术人才培养还需要结合实际情况进行探索。

一、依托实验室的“七位一体”的工程技术人才培养模式

物流实验室是承载物流专业人才培养的重要基础，在高等教育职能不断变化的今天，实验室建设已经成为高等院校特别是物流专业建设的核心内容。以高职、中职、应用型本科等为主的高等院校对实验室建设大多投以重资，购置了大量的物流装备和软件，形成了重资产型的实验室架构。但是由于专业人数有限，实验室教学内容单一，并不能形成优质的教育资源，投入回报率较低，为了解决这一问题，需要重视应用型人才培养的物流专业人才教育体系对实验室建设有新的建设理念，扩展实验室的服务内容、扩大服务对象，形成综合型的服务平台。

在实践教学过程中，可以实验室为依托，构建以“知识 + 技能 + 能

力 + 素质 + 经历 + 经验 + 资质”为核心的七位一体递进式教学培养模式。这种培养模式的核心是要塑造能够胜任未来专业工作的人才，重点着力于实现学校与企业之间的无缝对接，以学生需求和企业需求融合为导向，提出面向应用型的工程技术人才。知识的培养是目前高等院校专业人才培养的基础，目前知识的传输途径较多，网络学习等新型学习形式的出现形成了以学生为中心新的知识获取的认知渠道；技能的培训需要有一定的环境，特别是实操的技能，需要具备实验室的条件进行展开，目前实验室提供的实景式操作环境为技能的培养提供了良好的基础。工程技术人才的能力需要解决工程问题，这需要配合教学过程，通过“案例教学”模式来培养，通过设定具体的工程技术背景环境，结合实验室进行开展；在这些环节中工程技术人才的素质会逐渐地培养，其中也包括一些软素质，表现在对工作的负责以及团队意识的培养等方面，形成未来参与工作的独特品质。但是目前困扰实验教学的主要问题是如何实现“经历 + 经验”，也就是将实验室的学习过程与企业需求相对应，摆脱“花拳绣腿”不接地气的形象，形成与学生职业能力培养的全过程对接模式。为了实现这一目标，应依托实景式教学环境，开展开放性的“与企业对接的情境式”教学活动，教师在具体设计实验过程时，首先分析应用背景，然后通过实际企业工程问题的提出、问题的分析、问题的解决等环节，完成与企业实际问题的对接。图 1 – 2 – 1 为北京物资学院实验教学中心教学环境实景。

这种教学方法增强了实验教学的“工程环境真实感”和“工程任务实际感”，调动了学生的学习热情和参与度；以此平台为基础，在实验教学过程中引入了大量讨论式、参与式、团队式等“与企业对接的情境式”教学方法，将实验室教学、课堂教学、企业情境融合地统筹考虑；教学过程中重视以实验前理论教学准备为基础、以实验课程教学为提升、以实验后结合企业情境实践创新应用为促进，将实验教学方法进一步丰富和完善，形成与企业实际应用的全渠道对接。

以开展的叉车应用实验教学为例，叉车的应用及使用知识会较快地传

图 1-2-1　北京物资学院实验教学中心教学环境实景

授给学生，但是工程技术人员对叉车的驾驶并不是教学内容的全部，高等院校立足于培养对叉车调度管理以及基于叉车的物流系统设计的工程技术人员，明确了培养的层次后，在传授知识和掌握技能的基础上，以叉车的实际规划设计为背景展开，通过测量各项关键技术参数，评估技术需求后给出较为全面的方案；在设定的实验室范围内，对多任务进行模拟调度，并积极探索相关的定位技术等物联网技术应用，同时开展基于标准工时的测定和核算，基于不同的管理思想确定作业的标准化时间。在这种条件下形成了与企业同步的应用环节，为了实现资源流动，可以通过可视化案例的方式展示不同企业的应用实际，为实验教学活动的开展提供良好的借鉴。在实际结束后可以通过竞赛的模式进行实际操作对比，形成方案的对比分析。在这种复合式的教学环境中以及多形式的教学资料辅助下，可以形成学生工程技术学习的生态圈，真正获得“知识+技能+能力+素质+经历+经验”的综合效果。

对于目前的专家人才资质问题，国家正在不断地出台政策减少审批权限的约束。为了顺应这种发展趋势，首先应该树立学校培养人才的特殊性理念，形成“学校+社会”的双核模式。以劳动和社会保障部门负责的叉车资格考试，涉及特种设备等的考核操作并不适合学校办理，但人员在获取证书后并不能很好地把握操作现场管理，没有相应的系统规划设计能力，对于不满足于仅仅从事设备操作的人员需要设立复合型的资质认证方式；学校可以与社会培训相结合，设置在学校的规划可以开具学习实践证明，形成资质的双认证，以便符合企业对人才的认证需求，“作品+证书”未来将可能成为综合型工程技术人员的新资质标准。对这种模式的探索也同样适合软件培训等环节使用。

对于教学内容的设计，要注重在原有扩展实验教学的内涵、强调与企业无缝对接的基础上，提出“来源于企业，再现企业，而又高于企业”的实验教学开发原则，不简单地照搬实际场景，而是进行二次升级和改造，形成利于教学开展的基础。

二、与企业互动共赢形成新的合作模式

跨界与融合已经成为社会发展的必然趋势，学校没有围墙已经不再是理念，特别是工程技术人员的培养，必须建立在更加广泛的资源基础之上。企业和学校的关系首先是需要把握好定位，目前的高等院校种类与传统的、单一的“大学”理念不同，不同的高等院校对工程技术人员培养层次的界定也不相同。以培养应用型人才为主的普通高等院校对于应用型的内容也需要合理的界定，并寻找与社会的结合点。

以北京物资学院的产业研究院为例，就是在积极探索学校与企业的多元化合作模式，并与北京盛世华人物流有限公司合作进行实施。双方在我校创新园合作建立现代冷链技术工程中心，充分发挥双方技术优势，基于大数据技术、物联网技术开展冷链设备关键技术攻关和应用示范研究。工程中心将为我校相关领域教师提供技术研发平台，并计划依托创新园新建的现代物流技术和产品展示厅进行推介研发的新产品。产业研究院会同物

流学院与企业共同深入开展“一来二去”合作项目，积极邀请企业家进入课堂辅助教学，教师和学生也已经深入企业进行调研和交流，在此基础上基于企业资源在我校共同建设冷链实验室，积极开展专业人才培养实践平台建设，构建了种类全面的实验设备硬件体系，可以更好地为学校实践教学服务。为充分利用发挥企业资源优势，产业研究院和企业合作对企业运作模式等资料进行整理，形成案例资源库，为学校开展教学、科研、社会服务等多项活动提供基础。该企业近期已经接收了北京物资学院的研究生和本科生就业，双方商定将计划以“药品供应链”为切入点，开展专项培训项目，扩展人才培养渠道，提高学生就业能力，增加学生就业机会。该企业副总经理唐波是北京物资学院校友，结合企业实际需要，产业研究院将和校友会共同努力为该企业在全国进行业务拓展提供帮助，以便充分发挥我校的全国物流产业链网络布局优势，实现校友和学校的共赢发展。产业研究院的举措就是在学校开放办学战略的引导下，积极探索和企业、校友的合作服务模式，从而构建多方联动的服务平台，为学校的发展提供良好的外部环境保障。

从合作的角度出发，学校在培养工程技术人员的过程中需要注意的是在多个层次进行跨界与融合。首先是校内资源部门之间的跨界与融合，特别是一些规模较小的高等院校，本身资源有限，教学管理部门的能力和资源有限，因此校内资源部门之间的跨界与融合显得更为重要。此外是校内与校外的跨界与融合，学校和企业之间已经不再是单纯的校内厂和厂中校的独立式模式，互为支撑的平台合作模式或许是未来的某一类高校发展的趋势。

工程技术专业人才的培养并不是单纯地做好某一环节就可以获得良好的效果，目前工程技术专业人才的培养需要建立更加宽广的平台，通过资源多种形式的交融，实现多元化的跨界交融将成为一种必然的趋势，学校、教师和学生也会在新的学习、工作、发展环境中寻求新的切入点，为整个人才培养体系的可持续发展提供良好的保障。

第三章 基于立体化思想的物流工程专业课程教学模式构建研究

物流工程专业课程由于综合性强，在教学过程中需要不断探索新的教学模式，以提高教学水平，以“机械基础”“物流装备”“工程制图”等课程为例，一般被定位为抽象、生硬、难懂的课程，特别是“工程制图”，其主要目的是培养学生的空间想象能力和工程思想图形化表达能力，学生的学习难度和教师的教学难度均较高，为了提高该课程的教学质量，需要进行与之适应的教学模式研究。

近年来，“立体化教学思想”得到了越来越广泛的认同，对于“立体化教学思想”的理解是：在一门课程的教学过程中，其教学内容丰富厚实，教学目标明确集中，教学形式是综合的、多维的、全方位的，教学方法丰富有效，不拘泥于某一种形式，教师、学生、教学内容等在教学过程中有机结合，角色定位准确；整体教学环境的构建多样而完善，整个教学过程给人一种“立体感”，这种教学模式就可以称为“立体化教学模式”。结合物流工程类课程的特点，特别是技术性课程，可以在教学模式的设计过程中广泛使用该理念，实现课堂教学广度和深度的双向延伸，以提升该课程的教学质量。本章将主要从“工程制图”类课程的教学方法、教学环境等方面对一些核心问题展开分析。

一、共赢、互动式的学习过程构建模式分析

教学过程是一个典型的多主体相互作用的互动过程，教师、学生、知

识、能力、素质以及教学方法等是最基本的构成要素条件，以往的教学过程单纯地被定义为知识的传递，以教师为主导、以课堂教学为核心、以单向解说式传输知识为主要手段，导致教学过程僵化，课堂缺乏活力。因此，要想使教学工作充满活力就需要充分地调动这些主体参与的积极性，使之形成多主体共同参与、互动，相互影响，达到多边共赢的局面，形成以共赢、互动为特色的教学模式。

教师、学生应从自身需求和特点出发，从不同的角度考虑重新定义教学过程，教师立足于丰富教学形式、引入前沿教学内容，充分调动学生的学习积极性，构建参与式的学习环境，让学生能够以新的角色参与教学过程，成为教学过程中各个节点任务的重要执行者，力求与学生共同学习，发掘他们的潜在能力，引导他们在掌握知识的基础上学会综合应用，结合本专业的背景知识解决问题，并力争为教师的研究工作提供有益的、操作层面的辅助工作。学生应在教学过程中发挥主体作用，摆脱传统的被动听课式教育模式，积极参与教师的教学活动，特别是互动环节，以更加积极的心态去主动学习，使教学过程中教师和学生融为一体。

以工程制图课程的点、线、面空间关系的教学为例，教师虽然可以引用多媒体、挂图等辅助工具，但是由于直观性差，需要学生具有良好的空间想象能力。但学生处于教学的初始阶段，抽象思维能力不强，学习效果并不是十分理想。为了改变这种现状，可以在教学过程中根据工程类学生的专业特点，鼓励学生自己制作教学工具，将点、线、面的空间关系利用可视化的模型工具进行演示。在必要的提示下，每个学生都独立地收集资料，完善设计，并自行购买相关材料，制作适合自己使用的教学工具，在授课过程中遇到实际问题，可以利用该模型进行模拟演示，并相互讲解、示范，学生不但加深了对本课程知识点的认识程度，还训练了其设计、绘图、调试等多方面的专业技能，教师也可以从学生的创新设计中获得有用的信息，获得启发。经过实际验证，这种教学过程取得了良好效果，相关的教学成果目前正在申请使用新型专利。

从上面的实例可以看出，对于多主体构成的系统，要实现某个功能，不能单纯地强调某个主体的作用。教学过程中，过多地给予教师主体功能，反而会降低其他主体的活性；若要激活其他主体的活性指数，不能单纯依靠强化命令机制，而应该强调多边参与，共同发展。如果能够更好地把握教师主体及学生主体的需求特征，通过适当的教学方法引导，搭建互动参与式的教学环境，使各个教学主体活动具备很好的自身能动性，并在相互作用过程中引起良性反应，将会起到良好的效果，还会培育学生主体的综合素质和能力。在这种转化过程中，教师的主导作用要充分发挥。需要注意的是，双赢机制可能存在明显的不对称性，特别是初始阶段这种双赢效益并不明显，但随着深入发展会转变为良性循环，因此需要教师担负更多的责任，要有长远的眼光。

二、多层次的创新精神培育模式分析

创新是一切新事物产生发展的源泉，其培养不是一朝一夕所能解决的，任重道远，但却永远是教学所追求的至高目标，应该将这种培养贯穿于所有的课程之中，循序渐进，从专业整体培养计划的角度出发，以课程的建设为基础进行重点培养。因此，对于每一门课程都需要定好自己在专业培养计划中的合理位置，在尊重学生认知客观规律的基础上，在课程教学中潜移默化地让学生具备更强的创新意识。

在“工程制图”课程中提倡多层次的创新精神培育较为理想。对于多层次可以从不同的视角进行理解。从创新的深度上讲，学生知识面比较窄，视野受限，其创新在教师眼里可能是单纯地再现前人的已有成果，但在教学过程中对于学生而言仍然应被认定为创新活动，是一种学生的积极主动的探索活动，并得出了其现有知识领域之外的创新成果。此种培养模式不断深入，学生的创新程度会不断增强，通过量变的积累形成质变，使学生真正成为知识创新的主体。

创新需要为学生提供一定的创新环境，“工程制图”课程的创新环境可以从两个角度进行搭建。一是知识的纵向延伸，其创新可以体现为运用课程学习已有知识进行升华；二是知识的横向运用，对于一般的学生，学习工程制图课程都是为了将来在一定的专业领域中使用，应用的领域和方式等对学生都是未知的，可以适当地结合专业背景，引导学生在本专业领域进行探索性学习应用，提出创新性的解决方案，以满足工程制图课程这种同时具备学科课程和专业课程双重特点课程的功能定位。

在实践教学过程中也可以把两种创新方式进行融合，例如在工程制图教学过程中可以利用工作本位学习（work barring learn - ing）的方法，把学习和实际工作应用结合起来，模拟物流设备工作现场的场景，创造全新的学习机会，通过一定的实际工作任务，以小组的形式让学生利用已有的知识解决实际问题，将教学中的“情景再现法”“任务驱动法”“团队讨论法”等进行集成应用。例如剖切视图画法学习前可以给出具有内部复杂结构的物流工程类常用零件，让学生自己完成测绘以及图样绘制工作，当学生在应用以往知识遇到困难时，应引导其提出新的技术解决方案，以培养学生探索新方法的创新性思维能力。再如标准件表达方式的学习过程中，在掌握了简化抽象表达事务方法的基础上，可以让学生利用此思想对其他较为复杂的事物制定标准画法原则，并组织班级共同讨论分析，以培养学生应用知识的创新能力。

教师在创新能力培养过程中，要最大限度地提倡“学术自由”，尽量减少约束限制，提供宽松的学习环境，允许“标新立异”“独辟蹊径”，保护学生的求知欲、想象力和积极性，使之敢于发表自己的见解，从而激发学生的创新热情，培育其创新意识。创新精神的培育需要在教学过程中提供适当的基础条件，搭建由浅入深、综合多样的学习环境，让学生在潜移默化中去培育这种意识，并逐步过渡到学生自主创新性上。在教学过程中可以适当地引入一些具有一定深度（比如视图表达具有二义性）、可供学生质疑的例子，让学生摆脱以往的顺从接收模式，能够提出新的思路，以达到“学习记忆为主体、质疑创新为促进”的教学效果。对于问题的设置首先要注意具有较好的开放性，不应固化问题结果，同时还要注意实效性，了解学生现有的认知结构、认知水平以及兴趣所在；要学会换位思考，站在初学者的位置来安排教学内容，考虑学生的接受方式，要分析学生由原有认知结构向新认知结构转化的过程。

三、教学形式的多样化分析

在“工程制图”课程中应提倡多种教学形式并用，以弥补教学内容枯燥、难懂的约束影响。目前教学过程中，板书、问答、多媒体课件、挂图、实物模型、参观等多种教学形式都已经比较成功地应用于教学之中，为学生理解教学内容提供了良好的外部条件。但是此类教学形式存在学生的参与程度不足的问题，特别是对于目前我国课堂教学很多采用大班多人上课的实际情况，学生很难参与到教学过程之中，导致教师在课堂上唱独角戏，教学规程的立体化不足。这里提出“多人参与加动手式”教学形式，即通过教师的引导让学生更多地参与教学活动，丰富教学内容，教师与学生之间、学生自身之间都可以产生教学关系，使教学形式立体化。在组合体绘图和读图的教学中，可以引入“四段法”，首先让学生以橡皮泥为工具，结成二人小组，相互口述自己设计的组合体形状，组员互相制作；而后采用图样绘制的方法自行绘制自己的设计，并交换图纸由对方读图后制作，让学生理解视图的作用以及组合体读图、绘图的方法，在完成上述过程后要进行适当的讨论，这样通过口、手、眼、脑等的综合应用，丰富了教学形式，加深了学生对相关知识的认识，对学生的综合能力培养很有帮助，可以取得比较好的学习效果。

四、教学内容的导入方式分析

要精心设计课堂教学内容导入，积极调动学生的学习积极性，应该以“重要性”“兴趣性”“可达性”为基本前提。

在教学计划的制订过程中，列入培养方案的课程皆是搭建学生知识体系的重要组成部分，由于学生对自身未来去向的不确定性，在没有外界条件的干涉下，学生对于整个大学学习周期内所学全部课程都自发产生“重要性”认知是很困难的，因此，教师在本课程的教学过程中就应该首先向学生灌输“重要性”思想，重要性并不是单独依靠口头描述，而是需要在课程教学开始阶段，通过实践参观、视频等多样的教学手段，结合本课程的具体应用，比较全面、直观、形象地向学生展示，使学生切身体会，“重要性”认知提高了，学习的压力感也即随之而生，因此教师在初始阶段不要急于导入后续教学内容。

“兴趣性”是保证学生持续学习的不竭动力，美国心理学家皮亚杰认为：“所有智力方面的工作都依赖于乐趣，学习的最好刺激乃是对所学材料的兴趣。”因此在引入过程中，一定要注意学生的兴趣培养，重视先入为主的作用。

“可达性”需要分层次、多角度来理解。工程制图这样的学科基础课程，本身教学内容比较枯燥，学习难度较大，因此教师的教学内容，特别是引导内容必须简单易懂，不要一味突出重点、难点，这样会违背学生认识的“能力可达性”原则，在引入过程中不要轻易就将结论引出，造成学生的学习困难，要注意学习目标的可达性。教学要侧重因材施教，在符合专业培养目标的前提下，要更多地了解学生的实际情况，不要一味地照搬精品课程的教学思路，应针对不同院校学生的基本情况进行灵活应用，不要单纯地只使用一种模式，同时要注意学生存在明显的差异化，在引入过程中应尽量考虑大多数同学的学习习惯。

立体化教学模式的构建涉及方方面面的问题，除上述内容外，还包括教学过程严谨治学的德育工作开展，教师设喻教学法、案例教学法等教学方法应用以及建立面向学习全过程考核体系建立等诸多问题，教师在教学过程中可以根据自身实际情况加以应用。

第四章　具有国际化视野的实战型物流人才培养模式构建研究

物流产业作为现代服务业的重要组成部分之一，必须良好地适应国际经济一体化的发展趋势，因此物流人才的培养，特别是符合现代社会发展需要，具有国际化视野，满足经济全球化、实战能力强的专业人才培养就显得尤为重要。对于以培养应用型物流管理专业人才的高等院校，应与时俱进，提出了新的物流教学理念，才能适应现代物流的发展需要。

具有国际化视野的实战型物流人才培养应以培养适应现代物流发展趋势为中心，以扎实的基本理论和基本技能培养为基础，以国际化视野和实战型能力为核心，以“创新型”实践应用为特色，并搭建相应的软硬件教学支撑平台，从而形成具有鲜明特色的物流专业人才培养模式。为了配合该模式的实施，应制订与之配套的培养计划，并对教学理念、教学内容、教学方法、教学手段以及相应的教学配套设施等进行大幅度的改进和完善，最终构建起系统、完善的特色型人才培养体系。

一、构建多元的国际化教学平台

国际化视野的培养必须构建多元的国家化教学平台，从多个不同的角度让学生在学习过程中潜移默化地受到影响和熏陶，针对国际化物流人才能力需要，从课程教学内容和教学形式的改革出发，可以构建以“课程内容国际化 + 强化英语语言能力 + 国际化师资引入 + 加强国际专业交流”为核心的“多位一体”的物流国际化视野培养体系。

1. **课程内容的国际化**

在物流管理专业的教学过程中，在强调基本理论和知识的培养基础之上，应着重强调国际化内容，扩展学生的知识广度，应建立以“专业双语课程模块”和“国际物流知识模块”为核心的课程体系。

“专业双语课程模块”不应单纯地选择学科基础课程，这对于基础较差的学生反而会影响整个专业知识体系的建立，可以将发展较快、比较前沿的课程选择为双语教学模式，让学生了解专业的最新发展动态；对于教材的选取也应比较灵活，教材的出版时间较为滞后，因此在选取教学内容时应以论文、调研报告等多种形式进行补充；同时考虑到学生的接受水平，可以采用阶段性的双语教学，不要过分强调全过程的双语教学。

“国际物流知识模块”的设置主要是让学生比较全面地掌握国际物流管理知识体系。此模块以国际物流管理等独立课程为核心，以供应链管理、采购与库存控制等国家化课程模块内容为补充，循序渐进，分层次地搭建知识体系结构。在教学计划制订过程中还可以增加涉及国际化业务内容课程选修学分的要求，引导学生选修国际商务、国际经济合作、跨国公司管理等课程，以更加突出课程内容的国际化。

2. **强化英语语言应用能力**

在人才培养方案中，不应仅仅单纯通过后续开设专业英语保证英语教学的连续，在获得外语知识的同时要创造外语的应用环境，应该在教学环节上安排更加贴合实际工作要求的内容，比如开设紧贴物流管理中国际化工作所需求的职场英语——商务英语课程，使专业英语的教学生动化，侧重实际应用，要求学生考取中级商务英语证书，并可以计入学分，利用激励与压力并行的方法强化英语语言应用能力，有助于学生英语语言应用能力的提高。

3. **国际化师资引入**

国际化的视野需要有必要的形成环境，受到客观条件的限制，我们不能将所有的学生都选派出国，因此就要在国内营造国际化的教学氛围，所以教师的主导作用就显得尤为重要，必须建立国际化的师资队伍。在建设过程中，应该以内部培养为主，这样可以保证师资的稳定性和可持续性。在采用内部教师培养加强师资力量的同时，也应同时重视外部国际化师资力量的引入，形成以内为主，以外为辅的多元化师资力量构成体系。国外师资力量的引入可以采用访问学者、名师教学、互派教师、专家讲座以及长期聘任等多种形式，对于高等院校还可以合理地利用涉外研究机构、公司企业的外籍人士资源，在强调形式多样的基础上，还要重视内容与层次的多样，要合理地梳理国际化知识模块汇中的相关内容之间的逻辑关系，在教学时间、教学形式以及与其他教学内容的互补等方面进行通盘考虑细化。

4. 加强学生的双向国际专业交流

教学工作必须保证一定的开放性才能使之充满活力，这与国家开放政策如出一辙，改变“本土化”的教学环境并不能单纯地依靠教师的主导作用，学生作为主体如果只能单纯通过教师这一环节获取知识就容易受到渠道、时间、地点等因素的限制，因此应该加强以学生为主体的双向国际交流专业交流活动，给学生更为广阔的国际化培养平台。交流活动中不同国籍学生年龄相似，渴望相互了解，文化背景、思维模式、知识结构的差异性，反而为交流安排提供了更为丰富的基础条件。双方的交流由于教学计划等的差异，长期的交流项目会受到一些制约，可以适当利用寒暑假等相对比较宽松或者连续性比较长的时间段组织以小型合作项目为主的交流活动，在交流中相互提高。

二、构建综合型校内实践教学平台和校企联动培养机制

实战型能力的培养需要有良好的机制作为保障，为了获得更多的教育资源，应该整合社会上的整体力量，构建以学校为主体，校外企业为补充，以企业实际运作为核心背景，构建和实施“校内实验 + 企业实践 + 专业认证培训”为核心内容的多样化“实战型”人才培养体系，以便充分利

用社会上的企业资源，形成双赢式的协作办学教育制度。

1. 构建综合型的实践教学平台

校内实践教学首先应完善课程体系，以实验室建设为基础，为学生提供良好的综合型教学平台；在强化硬件同时，应侧重设备的综合利用，发掘设备资源的潜力，不能只停留在单纯的示教上，力求将优质的设备资源转化成为优质的教学资源。实验课程应包括课程内实验、独立实验课程、开放实验、校外实践、专业竞赛以及毕业论文实验等多种形式。在实验过程中应强化学生的综合能力培养，特别是创新思维的培养，在有条件的情况下要求学生在完成基本实验任务基础上可以对相关实验环节进行创新，比如商品编码规则等。要重视实验的层次性，形成涵盖认知型、操作型、设计型以及综合型多层次的实验教学体系。实验内容设计应强化企业参与，可与物流公司合作将实验室建设成为实景型实训中心，使经验丰富的工程技术人员参与实验教学，辅助编写实验教程并负责现场指导实验教学，使实验具有更强的工程应用背景。

2. 构建校企联动培养机制

为了弥补学校教学资源的不足，应建立校企联动机制，实现校内培养与校外实训的一体化。学校与企业的合作要注重形式的多样性、多层次性和双赢性，力求建立稳定互助式的校企合作机制。

对于企业可以按照教育合作能力来进行分类，教育合作能力是指企业可与高校的合作程度，受到企业的经营范围、企业规模、社会责任感等多个因素的影响，学校应将企业资源合理利用，将之合理地纳入到以学校为主体的实践教学体系中。比如可以组织企业“百家行”计划，了解企业经营运作中的实际问题，并撰写调研报告，同时思考如何解决企业中的实际问题。在校企联动培养学生过程中要注重实现学校与企业的双赢机制，比如学生利用寒假和暑假到企业中进行 1 个月的物流流程轮岗实习，在实习中学生需要集体完成企业布置的某项任务，解决企业流程管理中的实际问题。

学生如果数量较多，可开展企业家常驻项目，以学校为基地，强化学生与企业人士的沟通机制。可以在人才培养方案中开设物流实务课程，聘请不同企业的经理为学生授课，使学生理解理论与实践相结合的必要性，理解企业对大学生适应性要求的现实性，学会对自己进行正确的评价，并进行职业规划，课程可以包括企业物流运作、物流企业经营进行实证分析等多个模块。在学生的毕业实习环节和毕业论文环节过程中，可以就业为导向，加大企业的参与力度和广度，将实践最终落到实处，使学生的学习和就业一体化，将实战的外延进一步扩展。

3. 搭建多元化的实战体系

实战不能单纯地依靠社会中的企业资源，还要进一步扩展其外延，比如针对实战型教学要求，将认证教学计入教学学分，还可以针对物流从业资格的社会认证情况，要求学生参加国家物流师、国家采购师、报关员等证书考试；同时应鼓励学生参加各类全国性专业大赛，根据获取专业认证证书的结果和参赛情况，计入实践教学学分，实现弹性式学习，从而丰富实践教学的形式。

4. 构建“多导师”制“创新型”应用人才培养制度

实战并不是单纯的应用操作层次，物流管理应注重创新型应用人才的培养，因为实际问题的解决同样需要研究能力，研究能力提升还可以促进学生理论知识应用转化的提高。创新型能力的培养应从多角度入手，比如可以通过构建和实施“多导师”制“创新型”应用人才培养制度来促进达到此目标，形成以国内“双导师”制（校内导师和企业导师）为主，国外“指导专家”为辅的培养制度，吸取国内外最新的研究成果，扩展学生思路，培养了学生的创新能力以及团队合作的能力。为学生配备教师科研导师，同时为了使研究更接近企业的实际问题，还可以为学生配备来自企业的实践导师，要鼓励学生参与科研，通过配备的科研导师和实践导师，建立多对一的导师指导制度，学生通过参与教师的科研项目提高物流专业知识的实际应用能力，培养学生对于物流管理方面实际问题的解决能力，提升学生的创新思维能力。

具有国际化视野的实战型物流人才的培养工作是适应现代物流发展的重要推动力，建立适应市场需要人才的培养模式，以就业为导向提升应用型人才培养质量将会成为现代物流教学的重要发展方向，应从多个方面入手，力求建立以学校主体、整合社会资源的完善教学体系，提升我国物流人才的培养质量。

第五章 面向应用型物流人才培养的实验教学研究

随着我国经济技术等各个领域的发展，对于物流人才需求的层次也在不断地提升，对于以应用型人才培养为主的物流本科教育应适应这一形势，构建新的教学模式以提升学生知识有效应用能力，培养素质全面的物流应用型人才。在建立面向应用型物流人才培养教学体系的过程中，实验教学将发挥越来越重要的作用，将理论教学与实验教学并行发展才能达到预定教学目标，在这种教学理念基础上应对实验教学过程中的一些关键问题进行深入分析，以更好地指导实验教学工作。

一、强化课堂教学与实验教学的一体化

目前从高等教学的发展趋势不难看出，大幅度地压缩课内学时、给予学生更大的学习自由度、增强学生的学习自主性已经成为未来高等教学的一个重要方向，对实验教学的重要性的认识虽然不断提升，但是其教学时间的绝对值仍有可能出现递减的情况，因此需要在强化实验教学内涵的基础上要扩展实验教学的外延，不应将实验教学仅仅局限于实验室，而应搭建以实验室为核心的综合实验平台，基于空间、功能等多维度促进实验教学与理论教学有机融合，实现课堂教学与实验教学的一体化。

在教学过程中应首先弱化课堂与实验室之间的界限，实现实验室与课堂教学功能、教学内容以及教学过程的一体化，将实验验证与理论教学有机融合，实现理论知识与实际应用无缝对接。以托盘的堆垛实验教学为

例，通过开发模拟教具，将托盘堆垛方法、物流模数、性能评价等实验内容延伸至课堂，理论教学之后随之进行实验验证。这样在保证教学过程经济性的基础上，实现课堂教学形式多元化、教学方法多样化。课堂教学与实验教学的一体化构建模式是实现理论知识传授的立体化，保证理论知识与实践应用的连贯性，提升教学质量的重要措施，将改变实验教学的附属性地位，在提升其重要性的同时不消弱理论教学的既有地位，理论教学的开展同样可以转移至实验室进行，实验室将会与课堂构成互为补充、相互促进的双赢发展模式。要实现这种模式关键是理念的更新，改变传统的分离式教学思想，同时要重视辅助教学设备的开发以及基于融合集成观念的教学方法改革。

二、搭建面向实验教学全过程的能力综合培养体系

实验教学不应狭义地定位于实验结果在实验室的验证，其目标完成不能仅仅局限于实验室教学，应在空间、时间、能力培养等多个维度上扩展实验教学过程的外延，搭建面向实验教学全过程的综合能力培养体系。

若要建立面向实验全过程的能力培养体系，首先要将实验过程阶段化，不同的阶段树立不同的能力培养目标，采用不同的能力培养方法。以自动化、立体化仓库运作实验为例，该实验教学的运作数据准备以往都是以教师提供的基本数据为准，对于路径优化的教学内容往往会出现集体对个体学生的依赖性，最终导致实验结果的同一性，不能达到预设的教学目的。如果将实验模拟数据的收集改为以学生为主体，有条件的情况下学生可以通过企业运作实际调研整理，并应用于实验教学，从而将社会资源的实际应用与实验教学的内容建设结合，扩大实验内容的空间覆盖性，并在此过程中通过学生的积极参与，培养其信息收集、整理的能力。实验过程中可以侧重强化学生的实际动手能力培养，教师还可以预设一些基本的错误模式，考查学生的随机应变能力，错误模式应基于企业运作的实际情况，在此基础上进行总结、归纳和提升，使之更具典型性，加速学生实验

室操作能力到未来岗位作业能力的转化过程。在实验操作过程结束后需要重视实验结果的总结，应安排一定的时间进行以小组为单位的总结讨论，学生相互交流，总结实验过程中出现的一些问题，积累实际运作经验。自动化立体化仓库运作实验中不同组的学生可以结合本组的使用背景对采用的储位策略进行分析，有利于提升其归纳总结能力以及团队合作协同能力。实验教学过程不应单纯地分解为实验前、实验中和实验后三段模式，可以根据实验的具体情况进行进一步细化。采用此种教学模式会丰富实验教学的内容，建立分阶段、多元化的立体式实验教学体系。

三、实现实验教学培养目标的多元化

实验教学功能不应简单地设定在动手能力的提升和理论知识的验证，此类定位本身就人为地将实验教学设定为理论教学的附属。若要提升实验教学的地位不应仅强调实验教学的时间增加，而应首先将实验教学培养目标扩展，实现培养目标多元化的实验教学构建模式。

理论知识在某程度上源于实验之中，是实验经验、数据的积累、总结、分析，在教学过程中可以考虑让这种符合人认知规律的模式在教学中再现，先进行实验教学，在实验教学中总结出理论成果。在此模式下学生始终处于知识的探索阶段，接收新的知识，并需要对知识进行实时的、综合性的整理归纳，体会理论知识产生的全过程，对于此类知识的认同度和理解性就会不断地提升。以拣选作业为例，传统的实验方法是在课堂教学后进行对比验证，如果进行教学改革将在一定的模拟条件下让不同的同学对不同的订单进行运作，并进行效率统计对比，完成差异化分析比较后进行经验的交流，让学生自主地找出拣选运作中影响效率提升的影响因素，并提出改进策略，并进一步总结不同的拣选方法，并对拣选设备的改善提出建议，最后将实验的结果与理论知识进行对比，让学生真实、全面地体会到理论知识的发掘整理的全过程。这种将理论知识的认识引入到实验教学中，理顺知识的认知过程，可以扩展实验教学的功能，实现实验教学和理论教学的有效衔接。

对于实验教学的能力培养目标应尽量多元化，动手能力是核心，观察能力、创新能力也同样重要，手是执行的工具，但是脑、眼、耳功能的培养也同样不可缺少，应利用多个感官维度对学生进行有效的刺激，形成更加深刻的印象。同时，在实验教学中培养严谨治学、实事求是的科学作风，达到作业标准规范，增强纪律性，加强对实验仪器和实验结果的责任感都应全面纳入实验教学的培养目标中，并安排具体的教学环节。实验教学只有在树立了正确的培养目标基础上，教师才能在教学内容的设置以及教学方法的选择上进行对位的建设，从而搭建起系统的教学平台，进而进一步扩展实验教学的内涵，扩展其外延，加大实验教学的力度。

教师对于实验的目标应该设定合理，比如学生的创新能力培养，应该有更强的包容性，要更加清晰地认识学生的多元化差异，在实验教学中很多的学生创新获得的结果可能只是已有知识的再现，要重视此类实验对于学生能力绝对值的提升，教学的目的是培养人，学生知识的扩展、创新意识的提升、研究能力的提高、自我认同的增强才是教学工作的真正宗旨。

四、实验教学体系构建的几点具体措施

1. 加强实验内容的多元化

实验室的建设受到各种条件的限制不可能实现与时俱进的升级扩展，应建立以实验室为核心、以社会资源为补充的多元化空间构建模式，将实验室建设与校外基地实习结合，实验室将成为企业环境的集中模拟场景，提升实验内容覆盖范围，在基础条件不变的情况下，实现实验内容的动态变化。物流实验的内容选题应提升对于实验结果多元性的认识，管理学科的一些实验得出的结果可能会是定向性的认识，并不能实现绝对量化，在实验过程中需要侧重于这一点。在实验教学内容的建设上，同样需要与学科建设、科学研究相结合，在实验课堂教学上要实现科研与教学的有机融合，将科研项目与实验内容有机结合，实现教学内容的不断更新、扩充。

2. **增强实验教学的开放力度**

实验室的开放性基于不同的视角是分层次的，对于物流专业的人才培养要增强实验室的开放力度就需要从多个角度开展。物流实验教学目前正处于发展完善阶段，重视内容的开放，在实验室搭建的硬件平台上实现多场景模拟，适应不同学生的求知需求是目前提高实验室开放力度的重要手段；时间维度的开放适合于软件类教学，与硬件相关的实验则需要有一定的局限性，因为物流实验设备对于管理学专业的学生还是比较陌生，其操作能力还比较差，不能独立地完成操作。对于实验室开放的力度建议采用以项目制为基础的评价制度，实验室效果的评价建议以学生自身的收获为基础，不要过于重视绝对的量化结果。

3. **多样化地激发学生实验动机**

学生在初始阶段对于实验教学的新鲜感非常强，对于一般的设备以及作业模拟都会积极地参与，但是随着时间的推移在这种新鲜感减弱后，对实验教学的参与程度就会下降，因此需要采取多种手段进行激励，以提高学生的积极性。纳入教学体系的实验课程教师一般可以采用成绩等作为手段，但往往容易忽视学生的自主性，过多地强调强制性。在这种情况下，教师在增强内容趣味性的基础上还应在教学方法上进行多样化，比如采取竞赛的办法进行效率的衡量教学，并采取实验成果归属学生的方法，比如条码制作实验中鼓励学生制作个性化条码来提高学生的参与性，这样会更好地体现以学生为主体的教学理念。

4. **建立配套的师资资源**

稳定的实验队伍需要有稳定的师资力量与之匹配，实验教学平台的构建需要建立“以高水平的学术带头人为核心，以专职实验教学教师为主体，以科研兼职型教师参与为基础，以校外资源为补充”四位一体的实验室师资构建体系。实验教学师资队伍需要具备较强的综合素质，需要具备扎实的理论基础、较强的实践操作能力、多样化的教学方法三位一体的综合素质能力，才能更好地胜任教学工作。

应用型人才的培养需要理论教学与实验教学同步进行，实验教学的发展提高需要有先进的实验教学理念、丰富的实验教学内容、健全的实验教学体系、多层次的实验教学项目、多样的实验教学方法、综合性的实验教学资源、开放式实验教学管理体系，只有在这种条件下才能确实地提高实验教学质量，为应用型人才的培养提供强有力的促进手段。

第六章　我国物流产业人力资源需求特征与培育策略研究

在物流产业发展的过程中，除去政治、经济、科技、文化等方面的原因，物流产业领域的人力资源培养已经成为目前物流产业发展的主要约束瓶颈，但也同样是我国物流产业发展的机遇。根据我国的产业发展特色，走物流产业领域的人力资源培养的“特色”之路是促进物流产业发展的必由之路，物流产业教育的相关机构，特别是高等院校作为物流专业人才培养的基础，需要不断探索创新教学模式，更好地满足产业的人力资源需求。

一、我国物流产业人力资源特征分析

与我国特定的国情相适应，物流产业人力资源需求也同样具有自身的特征，需要建立与之匹配的物流专业人才培养体系，从而为物流产业的发展提供良好的人力资源保障。我国物流产业人力资源培养是目前物流产业发展的约束与机遇，经过几十年的发展历程，一些制约物流产业发展的问题已经初步得到解决，当前产业发展的一个核心基础就是物流类专业人才的培养。同国外物流产业发达国家相比，我国物流产业人力资源培养开展比较晚，同时面临外部环境变化日益加快的挑战，人才“质”与“量”的冲突同步显现，突出表现为人才培养已经形成一定规模，并取得了一定成效，但是行业总体人才仍然处于短缺状态，特别是能够适应产业需求的实战型人才需求更大。我国物流产业发展面临新的历史机遇，同样拥有后发优势，可以站在一个更高的起点之上开展相关工作。

1. 我国物流人才需求特征分析

（1）物流产业人才需求量较大，并将保持多元化的需求趋势。由于物流产业规模巨大，现代化物流装备和信息技术应用水平不高，单位GDP物流系数短期内难以大幅度下降，在经济仍然保持较高增长率的前提下物流产业的人力资源需求还将进一步提升。由于产业结构的多样性和自身发展的历史原因，人力资源需求结构还将在很长的一段时间继续保持多样性的特征，并逐步随着产业升级而转变。

（2）物流产业人才吸引力还需要进一步提升。从国内不同产业的发展来看，产业间利润率差别较大，相应的人才待遇具有较大差异。特别是在一些垄断行业的“标杆”作用下，物流产业由于利润率较低，会造成人力资源吸引力差距被进一步拉大。目前除个别跨国企业获得高额利润对人才吸引力比较强外，大部分企业对人才吸引力明显不足，从而导致物流专业的毕业生不愿意加入物流产业工作，行业内人才流失也比较严重，对产业发展也存在较大的制约作用。

（3）企业物流比物流企业对物流专业人才更有吸引力。我国物流产业外包率比较低，制造业企业在产业供应链上具有一定的主动权和领导力，占据着产业的价值链高端，对物流企业具有一定的支配权，因此以制造业企业、商贸企业为代表的企业物流比物流企业具有更加广泛的吸引力。

2. 我国物流产业的人力资源需求结构分析

我国物流产业发展不平衡，区域差距、区域间差距以及同行业内部企业间差距均比较明显，人才需求结构呈现典型的多元化、多层次特点，以劳动密集型为代表的产业形式还占有较大比重，而负责物流系统规划、设计、控制、优化的高端人才比例不高。目前我国物流产业定位是未来逐步地向全产业价值链的高端提升，进一步提高国内物流产业在国际分工中的地位，而与之相适应的人才需求结构也将发生改变，将由以往的“劳动力资源规模优势”向“高层次智力资源规模优势”转化，从而应对目前“人口红利”消失产生的危机，形成新的竞争优势。综合上述背景分析，我国以“产业需求”为导向的物流产业人力资源需求结构如图 1－6－1 所示。

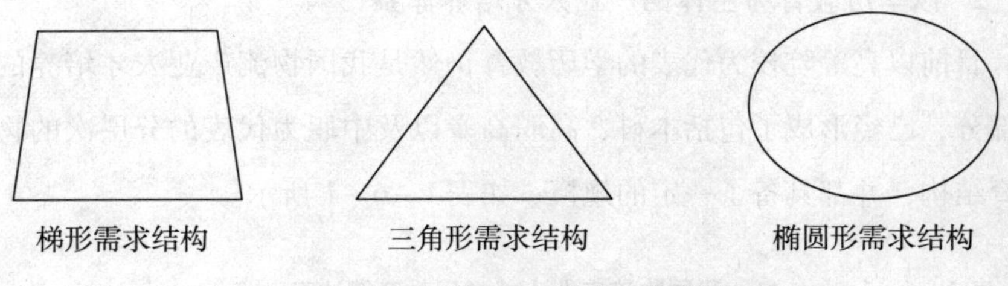

图 1－6－1　我国物流产业人力资源需求结构特征

上一发展阶段我国物流专业人才需求结构呈现典型的梯形结构，高端物流人才需求较少，主要是以劳动密集型为主的人才资源需求结构；随着产业发展，高端物流人才需求逐步提升，梯形需求结构逐步转化为三角形需求结构。未来相当长的一段时间内，我国物流产业还不能达到美国等发达国家水平，但高端物流专业人才比例会进一步提升，具有一定知识、技术能力的专业人才将成为主力军，而劳动密集型产业的比重会进一步下降，相应的物流人才需求也会同步降低，人力资源需求逐步转化为椭圆形结构。

二、我国物流产业人力资源培育的“特色”途径分析

我国物流产业特色是全世界独有的，是长期经济、历史、文化发展积累形成的，因此产业人力资源培育也需要与之匹配，走自身特色发展之路，才能更好地满足产业发展的需要。

1. 多元并行的产业人才培养体系

“产业的教育”需求形成具有一定规模的“教育产业”，目前我国物流专业人才培养已经形成了典型的多主体参与、分层次的培养体系，包括政府、学校、企业以及行业协会等各方面的力量不断融合，促进了以“校产集团”等为代表的新兴教育模式的发展，力求政产学研用共赢。同时也应注意到国外物流教育机构所占比重在不断加大，海外归国人才数量在大幅

度增加，已经成为人才培养的重要组成部分，特别是高端物流人才培养，其所占的比重往往更大。

2. 以学历教育为主体的产业人才培养体系

目前以高等院校为代表的学历教育仍然是我国物流产业人才培养的核心部分，已经形成了包括本科、高职高专以及中职为代表的分层次的物流教育结构，并都具备了一定的规模，如表1-6-1所示。

表1-6-1　　我国物流专业人才学历教育统计表

统计类别	本科层次	高职高专层次	中职层次
2011年招收物流专业的院校数（所）	430	903	867
2011年物流专业的在校生人数（人）	105071	242493	90113
2001—2011年累计培养总人数（人）	489288	1695963	311318

从上表可以看出，高职高专已经成为学历教育的主要组成部分，与目前产业人力资源需求结构基本吻合，但是为了适应下一阶段物流产业的人力资源需求，在调整学历人才培养比例的同时，也需要科学地调整各个层次的培养目标，从而更好地符合产业发展的未来需要。

3. 本科院校开展物流专业人才培养的措施

本科院校是我国高层次物流人才培养的重要基础，随着2012年教育部本科专业目录中在管理学门类下设置物流管理与工程类专业后，物流类本科教育的重要性得到进一步的体现，为了更好地提升本科院校人才培养能力，需要做好以下几个方面的工作。

（1）进一步明确定位。本科层次的物流专业人才培养周期长，具有一定的滞后性，因此定位要有很好的前瞻性，否则教育本身的“风险性”就比较高，因此专业培养计划中人才培养定位就显得十分重要。

为了适应多元化的产业需求模式，本科专业培养目标要提高针对性，不应一味地求大、求高、求全，特别是对于一般的地方本科院校，人才培养属于典型的区域性辐射模式，人才培养要因地制宜，突出地方特色；同时培养人才技能要有更好的专业性和针对性，不能一味扩充知识面而不求深入，例如北京交通大学就以铁路物资管理作为培养目标的重要支撑点。

（2）注重学历教学和认证教育同步发展。目前认证教育在我国已经初具规模，形成了包括劳动和社会保障部、中国物流与采购联合会、美国运输与物流协会、英国皇家物流协会等在内的十余个认证教育项目。这些项目经过长期发展基本已经形成了独具特色的教学体系，并拥有了一定的影响力，对促进中国的物流产业发展起到了良好的促进作用。但是目前我国认证教育与学历教育的同质化还比较严重，无法实现对物流专业人才的按需差异化培养，虽然认证教育主要面向岗位化进行设置，但是自身特色还不够明显，与物流产业岗位的匹配度不够，同时认证教育的品牌还没有完全建立，不能在产业内部得到良好的认同，参加认证考试的人员很多还是以在校学生为主，并没有达到与岗位直接对接的作用，无法完全体现认证教育的优势。国外认证教育作为与学历教育并行的教育形式，有自身的品牌优势和特点，特色的教学课程、教学方法保障使培训者能够胜任岗位要求，被企业普遍认可，成为产业专业人才的重要来源，值得国内借鉴。目前我国的认证教育正在与学历教育不断融合，以高职高专为代表的双证教育正在不断普及，力求在有限的教学时间内完成对学生的综合能力培养，增强学生的就业能力，实现学历教育机构与认证教育机构的共赢，但是未来学历教育认证化会不断地对认证教育提出新的挑战，同样，认证教育也会进一步影响学历教育，二者之间的融合模式还需要进一步探索。

（3）强化国际化人才培养以适应现代物流发展。目前强化国际化人才培养已经成为国内教育界的共识，国际教育、比较教育、全球教育、多元文化教育、跨界教育、跨国教育、无国界教育等具有国际化教育背景的模式不断涌现。但是由于单纯人员输出型的国际化教学模式成本比较高，为了使更多的学生具有国际化背景，需要探索新的模式，力争把“大世界”带入“小校园”，建设“虚拟世界”，打造“国际化校园”，提升校园国际化水平，形成符合我国特色的、培养具有国际化视野背景的人才培养模式。为了达到这一目的，学校可以基于现代信息技术通过引入国际化课程、建立开放式的教学环境、打造一体化的教学平台等方式实现本土教学国家化，提升学生的国际化背景。目前包括美国哈佛大学和麻省理工学院等通过在线教育，利用优化的教育资源，可以允许学生进行在线“互动”“互助”学习，利用在线传播更多的知识，使教育资源得到更大范围的共享，此类良好的外部环境为进行国际化教学提供了良好的外部支撑环境。同时国际上的专业教育已经开始探索利用云计算技术、大数据等技术建立“微学位”模式，可以方便学生进行针对性的学习，国内院校可以充分利用这一资源。

(4) 强化实践教学提升学生综合能力。我国物流专业人才培养，特别是面向应用型的人才培养对实践教学方面的提升要求尤为迫切，也已经引起了院校的重视，并成为院校提升教学质量的着力点。以北京物资学院为例，集中学校优质资源，成立了唯一的以物流产业为背景的国家级“物流系统与技术实验教学示范中心”，形成了“适应新形势、形成大平台、构建大团队、实现大转变”的建设理念；在扩展实验教学内涵方面不断探索，在强调与企业无缝对接的基础上，提出“来源于企业，而又高于企业”的实验教学设计原则；建立了以“知识+技能+经历+经验+能力+素质”为核心的六位一体递进式能力培养方式，依托实景式教学环境，开展开放性的“与企业对接的情境式”教学活动，开展“实操+探讨+提炼+拓展”为基础的四段式探究式教学方法；实施了包括校内教师、校外导师以及海外导师等在内的三元并行的教学团队构建策略，极大地扩展了师资力量的构建渠道；该中心基于虚拟现实的新理念，建立“学校+社会”的大实验教学平台，改变了传统的依赖学校单一主体的实验室建设模式，极大地扩展了传统教学实验室建设的外延。该体系中学校、企业、政府等共同参与实验教学平台建设，成了规模较大、动态更新较快的实验教学资源池，并依托中关村开放实验室、实验室联盟等形成了开放式的教学平台，发挥辐射作用。实验教学示范中心培养体系框架如图1-6-2所示。

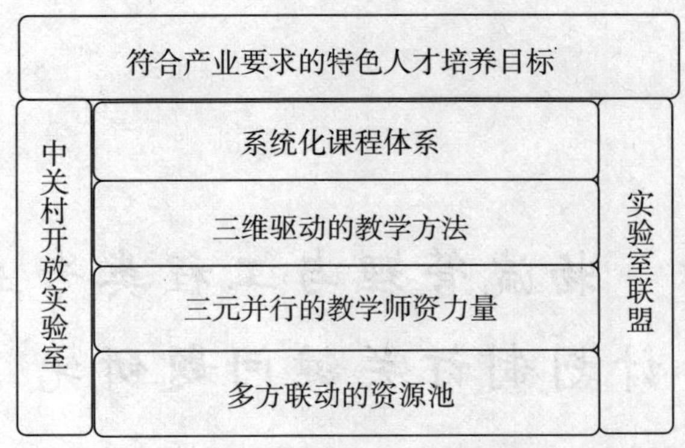

图 1-6-2　实验中心教学体系框架

依托该体系，北京物资学院着力提升了学生的综合能力培养，形成了具有较强实战能力的人才培养平台，并获得了良好的培养效果。

历史、文化等方面的长期积淀形成了我国的物流产业特色，而今天世界政治、经济、文化都处于不断的变革之中，中国融入世界的程度在不断加深。产业发展面临的战略转型势在必行。为促进产业发展需要构建良好的外部生态环境，解决制约产业发展的核心问题，特别是认识到物流产业人力资源培育是产业发展的制约也是机遇，要正确把握未来人才需求的结构特征，构建与之相适应的人才培养体系。要把握好产业发展特定的规律性，合理地配置外部资源，发挥物流产业作为支撑、先导型产业的巨大作用，为我国经济的战略转型提供必要的基础。

第七章 物流管理与工程类专业培养计划制订关键问题研究

专业人才培养计划是高等院校人才培养的纲领性文件，是学校人才培养理念的具体体现，是学校组织和管理教学过程的重要依据，合理的培养计划能够为专业人才的培养提供良好的指导。由于本科类人才培养时间跨度大、涉及教学资源的系统配置，因此培养计划的制订需要综合考虑多方面的因素，使之更加合理地满足学生的培养需求。物流类专业是教育部在2012年专业调整中在管理学门类下设置了物流管理与工程类专业，包括物流管理、物流工程和采购管理等专业，形成了较为系统的专业群设置，各个院校都在根据相关的要求进行专业培养计划的制订以及相关领域的探索。本章选取专业培养计划中培养目标、学历教育与认证教育关系、国际化人才培养、实验实践教学设置等关键问题进行分析，为物流类专业培养计划的制订提供参考。

一、专业培养目标的制定研究

专业培养目标的制定是培养计划的灵魂，是纲领性的指导，是专业计划定位的基础，是专业特色的凝练，是教学功能的指导。但是在专业培养计划的制订过程中受到的重视程度反而不足，对于培养计划的制订很多院校采取了自下而上的方式制订方案，根据教师的特长、专业课程的内容反推培养目标，这种做法往往导致专业定位不清，专业课程相互嵌套现象较为严重，同时课程的取舍缺乏标准。

物流是现代服务性产业的重要组成部分，已经成为国家确定的重点战略支撑产业，其覆盖的范围较大，由于学校的教学工作在时间等方面存在较大的约束，因此培养目标的设定需要一定的聚焦，必须有所侧重，根据目前的调研情况，目前专业的培养目标主要聚焦在一些重点领域。

（1）以区域特色为背景制定培养目标。例如海南三亚地区立足于会展物流、农产品物流和旅游物流，该地区琼州学院的专业培养目标就立足于该特色。首都北京提出了建设世界城市的建设目标，以此为背景，该区域的多数院校都选择了国际化物流人才作为专业的培养目标。

（2）以行业特色为背景制定培养目标。某些院校由于历史传承等方面的原因，主要面向特定行业服务。例如北京石油化工学院提出培养物流专业人才针对石化行业等重点领域，北京交通大学也曾经提出面向铁路物资管理的专业人才培养，体现学校的历史发展特征。

（3）以相关技术或者能力培养为背景制订培养目标。例如西南交通大学将培养“熟悉物流工程与技术的现代物流领域的经营与管理人才，为成长为物流领域的高级企业管理人员、物流市场营销及客户管理人员打好基础”确定为专业的培养目标。首都经济贸易大学确定“面向首都经济，具备经济、管理、法律等方面的基础知识，掌握现代物流与供应链系统分析、设计、运营、管理的基本理论、方法与技术，熟悉企业生产经营活动中的物流运作，有较强的外语和计算机应用能力，能在国内外物流企业、现代制造业、流通企业管理物流实务运作，能在科研院所及政府部门从事供应链设计与管理、物流系统优化及运营管理等方面工作的复合型应用人才”，作为本专业的培养目标。

目前专业计划中专业培养目标主要是确定基本的人才规格，目前对于人才规则通常的思路是对人才培养预期的描述，主要包括具备某一类专业知识，具有某一种类型精神，具备某一项能力，能够在相关领域从事专业工作的人才。在此目标下一般将培养人才的规格确定为要求学生系统地学习本专业的基础理论和知识，了解或者熟悉相关行业现状，具有扎实的理论知识基础，掌握相关方法和技能，具备分析、解决实际问题的能力，同时要求具有创新、团队合作等方面的综合素质。从此角度出发，可以得出对于人才的培养要求可以归纳为“学科知识→专业知识→专业能力→综合素质→岗位需求”。在这种培养要求条件下设定相应的课程结构完成整个培养周期的教学体系结构，目前各个学校的专业所对应的课程也基本上分为通识课、学科课、专业基础课、专业核心课、专业方向课等，一般专业方向课会结合学校的特色设定相应的模块方向，例如北京物资学院的物流管理专业凝练出国际化物流模块等，以形成相应的人才培养特色。由于物流产业涉及的范畴较大，需要合理地选择人才培养的方向，因此在培养方案中这部分往往是学校的特色所在。对于一般培养计划中课程性质描述较为宽泛的学校，一般是将课程分为必修课和选修课。

二、学历教学和认证教育的关系分析

在培养计划的制订过程中，目前越来越多地出现了学历教育与专业认证教育融合的局面。在高职类院校的培养计划中明确了技能型人才的培养目标，并且部分院校已经明确在完成学历教育的同时可以获得相关的职业认证证书。从目前物流领域的发展来看，国内的认证教育体系已经初具规模，并且具备了较多的选择，包括中国物流与采购联合会、人力资源和社会保障部、商务部、英国皇家物流协会、美国运输与物流协会等都建立了相应的职业认证体系。笔者认为，目前认证体系与高等教育的本科专业人才培养的协调关系还没有很好地建立，如何合理实现二者之间的融合需要进一步的探索。

首先需要明确的问题是本科学生是否需要考取相应的职业认证证书。在目前本科教育大量扩招的条件下，本科毕业生越来越多地被定位为应用型专业人才，其中很大一部分的本科毕业生进入了企业工作，在这种新的背景下企业对本科毕业生的实践能力要求越来越高，面向实践工作能力培养的职业认证教育也越来越受到重视，为了增加自身的就业能力和实际工作能力，学生获取证书的意愿也越来越强烈。从物流产业本身的特点可以看出，其对应的岗位众多，在相关领域设置技能证书的单位出于自身的需要设定的内容差别较大，使得证书考取的内容与学校教育出现了较大比例的交集，同质性比较强，同时认证教学机构也无法提供较多的实践机会，教学形式也以课堂教授为主，形成了学生利用学历教学所学内容可以同时考取证书的情况，学生的实际能力并不能获得较大的增长。目前高等院校通过多种渠道在大力地强化实践教学比例，提升学生以实战能力为核心的实践能力培养，以高等院校为核心的认证体系在高职试点之后已经开始铺开，目前面向本科毕业生以高等院校为核心开展的岗位认证也在开展。由于中国的高等教育已经成为专业人才培养的主体，在社会教育资源不足的情况下，认证教育的发展还需要进一步完善，如果高等院校能够合理地安排教学内容，丰富实践教学手段，将会很好地解决与认证的对接问题，培养的人才将会受到社会的认可。由于高等院校授课时间也存在一定的局限性，而全部面对具体岗位培养也不完全适合高等院校的定位，因此未来有针对性的认证教育与高等院校的学历教育将会形成一种良好的互补关系。

三、国际化人才培养方式研究

目前随着市场的全球化，物流产业的发展也进入了新的阶段，巨大的国际贸易需求、高度融合的市场经济、不断增多的跨国公司都已经为物流产业国际化人才的需求提供了广泛的市场，人才市场全球化的趋势已经不可避免，在此背景下国际化人才的培养也越来越多地出现在物流专业人才的培养目标中。对国际化人才的定义目前学术界并未形成有效的共识，国际教育、比较教育、全球教育、多元文化教育、跨界教育、跨国教育、无国界教育等具有国际化教育背景的模式不断涌现。从目前的研究情况看，一般认为国际化人才具有一定的国际交流背景，了解国际间交流的基本知识和习惯，具有跨文化、跨界交流的能力，具有全球化的视野，拥有较强的语言交流能力等基本特征。为了使学生具备上述特征，在培养计划中应对应上述能力的培养。目前国内通常的做法包括持续强化性的、具有专业特征的外语能力培养，丰富的国际化课程模块以及多样化的国际交流活动等基本形式。外语能力的培养在物流类专业中较多的是以物流类专业外语和商务外语等形式出现，保持学生外语学习的连续性，并具有较强的专业背景。以国际贸易、国际物流、中外物流对比研究以及国际货运货代等为主的课程模块满足国际化人才的基础知识学习要求。以外出访学、接纳国际合作为主的国际合作项目也可以集中在实践周小学期开展，使本科学生具有真正的国际经验，真正了解国外的文化。

为了更好地实现国际化人才培养这一目标，可以充分地利用多种资源形成“地球校园”，即把所需要的全球化资源集中在学院的资源池内，把“大世界”带入“小校园”，建设成为“虚拟世界”。学校的国际化将会有更多的外部支撑环境、支撑条件，例如面向全球的教师人力资源库，覆盖全面的技术、案例资料库，内容丰富的基于现代信息技术的虚拟仿真环境等，这些优质资源将大大提升学校的开放性，使校园最大程度的国际化。跨国界组合的学生可以联合完成毕业设计，或者形成学生团队小组，联合进行科研项目攻关，或者模拟未来的跨国公司的工作场景进行模拟运作，进而使学生有更强的国际化经历，从而可以提前掌握国际化背景条件下工作中遇到的问题。

四、实践教学的优化设置分析

目前以课程实验、实验课程以及实践周小学期等为代表的实践教学越来越受到重视，在教学计划中所占的比重不断增加。合理的匹配上述三种教学形式可以形成逐级式的良性递进关系，构成学生综合能力培养的基础。其中课程实验与理论教学可以形成教学过程中小循环的互补，而实验课程则可以较为连贯地进行教学安排，而在培养计划中以时间集中、内容集中为特征的实践周小学期已经成为实践教学中的主流形式，一般设置在集中课堂教学的两端，时间一般是每个学期两周，由于持续时间长，可以集中组织一些参观、项目研究等平时教学过程中不便安排的内容，开展多种形式的教学活动。

通过对多个院校的调研可以发现各个院校在实践周小学期中安排的活动较为多样，比较普遍的形式表现为基础研究能力培养（比如文献检索、研究工具学习）、英语强化学习、生产实习、科研项目研发、国内外游学、校际访问等多种形式为学生的综合能力培养提供了丰富的舞台。实践周小学期持续时间长，可以使学生集中精力完成某一类任务，学习某一类知识，安排中要注意符合这一特点，也不能一味地搞疲劳战术。对于培养计划中实践周小学期安排要首先定位好其设立的目的，然后进行具体的展开，并重视发挥教师或者社会导师的作用，防止形成放羊式的学习模式。可以结合人才培养的定位有针对性地选择某一类型，并很好地与本学期的教学任务相匹配。

教学计划的制订有自身的规律，要有充分的调查作为基础，合理科学地解决好培养目标设定等核心问题，只有这样才能形成一份完好的专业培养计划。在制订专业培养计划的过程中要始终本着系统化的思想完成这一工作，形成良好的外部环境，使计划执行有良好的支撑基础。

第八章　物流实训课程体系构建研究

高等院校的物流专业人才培养应侧重实践应用能力，因此物流实训课程目前已经成为物流管理、物流工程等物流相关专业的一门重要课程。由于物流类专业课程体系是交通工程、管理科学与工程以及机械工程等多学科的综合性交叉集合体，涉及的相关实际操作内容覆盖面比较广、种类多，加之物流专业的建设时间比较短，因此目前物流实训课程的课程体系建设尚未完善，对于物流实训课程的教学内容以及教学方法和形式等尚未形成一个共识，因此研究物流实训课程的特点，有针对性地制订完善的课程体系和教学内容及方法就显得尤为重要。

一、课程定位分析

课程定位是构建课程体系的前提，而当前我国高等院校物流相关专业对于物流实训课程的定位尚未明确，这与课程的本身特性密切相关。从课程名称的字面上理解，物流实训应是学生进行实际操作、培养动手能力的独立型实验实践类课程，但是由于其主体内容不可避免地要来自于物流专业的其他专业课程，例如仓储管理、运输管理、库存管理、物流设施与设备等，因此物流实训课程就属于典型的“专业综合嵌套型课程”，其理论知识基础来源于其他专业课程，同时自身又存在独立性，合理的处理物流实训课程与其他课程的关系，同时又突出课程自身的特点，成为课程定位首先需要解决的问题。

以专业课程建设为基础，应先对各门课程的内容进行合理划分，清晰地界定各门课程之间的关系，处理好内容嵌套、课程实验与独立实验课程有效衔接等核心问题，避免出现教育内容冗余，教学资源利用冲突或者闲置的问题。以一些院校为例，物流实训课程本身所包含的内容十分广泛，包括仓储、运输、装卸搬运、流通加工等多个方面，而这些内容很多都在相应的专业课程里面进行了课程实验，在物流实训过程中无法突破以往的教学内容，有的甚至出现了机械式的重复，或者是简单的更换作业对象，这种“复制式”的教学模式浪费了有效的教学资源，不利于学生的培养。

基于上述问题分析，为了建立合理的课程定位就必须从培养计划的制订阶段对课程定位进行比较明确的分析，突出课程群的作用，将相关课程采用打包集中，课程组统一制订课程大纲的方法，不能单纯地孤立这类“专业综合嵌套型课程”的建设，应力求建立模块化内容、团队式师资、综合型平台式的教育培养体系，这种思想内容上的统一有利于后续课程教学工作开展过程中的调度，减少不必要的阻力。

二、课程教学内容选取分析

物流是一个非常典型的多学科交叉综合应用的领域，涉及工商管理、管理科学与工程、交通运输工程以及机械工程等多学科的内容，对于物流自身核心内容的确定目前还没有定论，这对课程的建设产生了较大的影响，突出体现在目前很多院校的课程体系构建都是建立在原有的学校优势学科之上，没有立足物流专业本身的特点进行统一的规划，因此作为物流实际操作集成体现的物流实训课程其内容的选取也就缺乏统一的规划。

目前各个高等院校对于物流实训课程内容的选取各有特点，常见的内容包括仓储、运输等环节的流程演示再现、基本物流设备的操作、物理软件的实用等，大多是立足于目前本校的特色，例如有的学校引入原有的ERP（企业资源计划）管理软件等，一些高职院校更是将其直接定位于叉车等特种设备的使用资质认证上。这样的课程内容体系在现代教学倡导宽专业、厚基础、重能力的要求下，不能满足学生的培养需求，学生获取的知识范围比较窄，对于物流核心作业能力的训练没有体现，对培养学生的综合性实践能力不利。

物流实训课程教学内容的选取应首先建立在对物流本身核心作业的分析之上，不能以“特色”代替“本色”，不能以“个别点”代替“整体面”，应是建立在共性的物流核心作业基础上的，各个院校拥有特色教学内容体系，做到面宽点深，有突出的培养重点，注重突出以下几点基本原则。

1. **可行性原则**

教学内容体系的构建首先要在理论上可行，符合物流实践教学特点，比如大型配送中心运作实验，由于受到场地限制就只能在计算机上进行模拟，无法完全依托校内实验室资源完成，要考虑到各个院校的实际情况。

2. **动态性原则**

实践教学过程是动态的过程，物流是一个快速发展的领域，新技术、新方法层出不穷，既要重视传统的基本作业模式，同时也应注意必须与时俱进才能符合现代物流发展的需要，使教学内容随时代发展而动态变化。

3. **整体性原则**

对于教学内容体系内的各个模块要体现整体性原则，重视物流是多学科交叉应用的实际情况，以有利于学生搭建起比较完善的知识体系。

4. **有序性原则**

要想学生能够比较系统地掌握本专业的实际作业知识，就要从整体角度出发，要把不同层次的、不同内容的实践教学环节连接成一个体系，使实践教学低层次结构向高层次结构转变，与相关的专业内容并行协调，最终保证物流实训实践教学培养目标的实现。因此，建议建立物流实训课程模块资源库，各个学院在突出自身特点的同时，兼顾物流实际作业的核心流程，将仓储、运输、配送核心环节作为必修部分，搭建起综合型的实验教学内容体系，适应现代物流的发展。

三、多层次的课程教学体系构建模式分析

目前各个院校的物流实训课程主要集中在物流基本流程的再现上，课程内容比较单一，作业形式简单，在一定程度上课程内容在广度上的不足掩盖了课程内容在深度方面欠缺的问题，学生参与课程的积极性并不是很高，参与感不强，对深化专业课程内容的帮助有限，这个问题很大程度上是由课程定位于单纯性实际操作所致，割裂了实际作业能力的培养与其他能力培养之间的连接关系，没有搭建起有利于综合能力培养的立体化课程架构体系。

目前高等院校的教学已经不仅仅是单纯将实践教学等同于动手联系，而是强调以动手为手段，培养学生的理论知识应用能力，为学生的后续发展奠定基础。从认识论的理论出发，通过实践可以认识事物的个性，进而才由浅入深地认识事物的共性，因此对于物流实训课程要注重以小见大，强调实践过程的引申，建立多模式的实践教学体系，力求使学生在实践中发现问题，进行问题的发散思维，然后进行收敛式的讨论，最后综合分析得出有益的结论。比如采用生产式的实践教学，使学生按照模拟生产、经验总结、思考对比，最终验证理论，形成层次化的实践教学体系，要认识到实践同样可以实现理论学习。要建立多层次的物流实训课程教学模式，也就是在实验过程中不能单纯地强调实践作业，要把设计型实验以及综合型实验的特点引入到实训中来，让学生以操作为基础，验证课堂学习的理论知识，并将之实际应用，加深对于理论知识的理解，更深一步是通过操作发现问题，并提出合理的解决方案，以此来培养学生的综合能力，形成一个立体化实验实践课程教学平台，让学生的能力培养变得更加全面深入。

以托盘实训实验为例，很多学校的实训课程就是机械的箱子堆垛练习，学生操作时间很短，觉得兴趣不浓。如果能够按照托盘承上启下的应用来综合地考虑图盘与码放货物以及运输工具之间的对应关系，提供多种

类型的货物以及运输工作，让学生在实际操作中去验证各种堆垛方式的优劣，综合分析空间利用率、稳定性以及适应性等多种影响因素，并总结建立托盘选用的考核体系，就加深了学生对于托盘应用的理解，掌握了标准化的基本含义和重要性，同时培养了观察、数据分析以及归纳总结等多方面的能力，这样建立完整的多层次的实训内容体系就可以充分发挥学生的潜力。一般的实训课程可以按照图 1－8－1 所示建立层次化的教学体系。

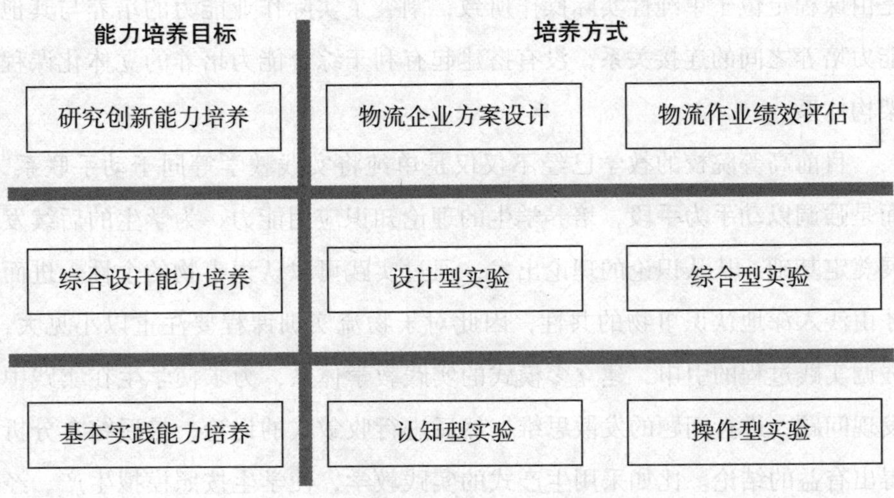

图 1－8－1 层次化的教学体系

四、面向应用型的物流实训课程介绍

目前物流行业应用型的人才比较紧缺，其物流实训课程的构建可以学生的未来就业为导向，加强物流基本理论的应用，强调物流基础设备的使用，突出动手能力的培养。实训课程体系可以以仓储作业为基础，以配送中心作业为核心，建立 32 学时的物流实训课程体系。课程内容包括包装实验、自动立体化仓库运作实验、仓储作业实验、配送中心运作实验、托盘堆垛实验、叉车仓库设计实验等内容，基本上覆盖了物流的大部分领域。教学过程中重视学生的综合能力培养，不单纯地强调作业练习，而是在此基础上的理论知识能力，培养研究型的实战型人才，具有较强的应用型人才培养特色。

物流实训课程的建设目前还没有形成系统完善的体系建构，在建设过程中要注重以“教学思想创新为核心，以课程体系创新为基础，以适合自己学校发展的道路为特色”，构建综合型的实验实践教学平台，使理论学习与知识应用有机结合，培养学生的多方面能力，以满足现代物流发展对人才的需求，提升我国的物流教学水平。

第九章　物流装备课程的实践教学研究

在高等学校教育中实践教学已经成为重要的组成部分，是提高高等教育人才培养质量的重要保证，对于物流这种强调实际应用的专业，如何提高实践教学质量，全面培养学生的综合能力，特别是创新能力和动手能力，更显得尤为重要；目前实践教学已经成为制约我国物流教育发展的一个重要问题，因此为了能够适应现代物流工程技术的快速发展需要，就必须探索新的物流装备课程的教学模式，突出强调实践教学环节，以取得良好的教学效果。

一、物流装备实践教学的目标设定分析

目前国内物流装备课程实践教学基本上还处于探索阶段，尚未形成完整体系。造成上述情况的原因有很多，物流相关专业本身就是新兴专业，该专业的培养目标和培养计划等都在不断地修改完善，教育部对于物流工程等专业的培养目标也尚未完全统一确定，因此在实际教学过程中各个学校往往都是根据自身的特点进行设定，没有统一的标准要求，对于物流装备等具体课程更是如此。

物流是一个快速发展的交叉型学科，其包含的技术比较复杂，特别是物流装备领域技术更新速度快，因此教学目标以及教学计划的制订要做到与时俱进比较困难，若要实现全面包容、面面俱到也有很大的难度，这就对物流装备的教学内容选取提出了更高的要求。

二、物流装备课程实践教学的模式分析

随着现代教育技术的发展，以往单纯的课堂理论教学已经远远不能满足教学需要，实践教学的比重变得越来越大，目前实践教学包含多种模式，比如计算机模拟仿真、实验室实际动手操作、社会调研以及生产企业参观等多种形式，必须合理地选择教学模式才能获得良好的教学效果。

在参照其他院校实践教学情况的基础上，分析北京物资学院物流相关专业学生现状及存在的问题，为适应总体的培养目标，应建立课堂教学和实践教学并重的教学模式，采取课堂老师教、学生想，实践教学环节学生动手实验，课后进行实际企业参观的教学方法，通过设立这些不同的教学环节形成学生大脑想、动手做、眼耳等感官认知的三位一体的立体教学模式，使物流装备的教学实现从设备的基本组成结构到使用功能，再到实际应用的多层次教学环节的合理衔接，给学生一个系统完整的认知过程，加深学生对物流装备的理解，以达到预定的教学效果。在包装机械的教学过程中首先通过课堂多媒体课件演示，然后在实验室进行实际单机操作，最后课后组织到北京燕京啤酒有限公司进行生产参观，并绘制自动包装生产线的实际布局图，使学生对包装机械的组成、功能以及合理选型、配置有了非常全面的认识，收到了良好的教学效果。

三、物流装备课程实践教学内容的设置分析

长期以来实践教学不受重视有很多方面的原因，其中重要的一点就是实践教学内容比较陈旧，设备落后，缺乏足够的吸引力，同时实验过程中学生普遍感觉到只是机械地操作，缺乏综合性和创新性，因此为了更好地调动学生的学习热情就必须合理地设置实践教学内容，最大限度地吸引学生，在实践教学中激发学生的创造性思维，在实践中培养他们的综合能力。

在深入调查研究“物流装备”课程实践教学环节的形式以及具体实践效果现状的基础上，结合我校物流工程专业已经开展的实践教学试点工作获得的经验，并借鉴以往经验，探讨实践教学效果与实践教学内容设置、实验方法选取之间的对应关系，得出影响实践教学效果的主要因素，在此研究基础上重点探讨如何针对我校学生的具体特点，合理地设置实践教学环节，以满足不同专业学生对该课程不同教学目的的要求，突出培养特色，并有效地调动学生学习积极性，培养学生具备合理的运用物流装备，安排作业流程的实践能力，达到我校提出的具有特色的面向实际应用的培养目标。

在实践教学环节内容设置上进行突破，改变过去该课程一味强调物流装备功能展示、实践操作的实验教学模式，打破独立、单一地运用某一种物流装备进行实验教学，人为造成学生知识体系不完全、缺乏整体规划应用能力的实践教学现状，从物流装备系统整体运作角度出发，探索通过模拟实际应用环境，以物流作业操作流程为主线，以带有典型参照意义的货物为操作对象，进行物流装备综合应用方法的实验教学研究，让学生能够真实地感受实际物流作业工作环境，改善提高实验教学质量，加深学生对专业知识的理解，相继开设了“自动化立体仓库运作”“物流系统运作”以及“物流机械设计”等针对性很强的实验课程，还联系了北京现代汽车有限公司、北京燕京啤酒有限公司以及北京同仁堂科技有限公司配送中心等参观实践基地，基本上能够满足不同专业学生的教学需要。在实践教学过程中还注意探讨通过整体运作、多人协同的方法进行多环节联合作业，并对学生进行换岗作业，以培养学生的团队合作精神，突破以往实验单纯关注专业知识熟悉掌握程度的模式。在实践教学环境中重视学生分析实际问题、解决实际问题、进行创新思维的能力，将物品编码等实际问题引入到实验中来，并提出具体的技术难题，让学生分析解决。通过合理地设置实践教学内容，不但有效地激发了学生的学习热情、强化了专业知识，还提高了学生的团队工组意识和创新精神。

四、典型实验课程设计分析

北京物资学院是国内最早开设物流专业的高等院校，拥有北京市物流系统与技术重点实验室，具备良好的软硬件教学条件，已在此基础上开设了多门针对性很强的实验课程，以下以“自动化立体仓库运作”实验为例进行说明。

“自动化立体仓库运作”并未将教学重点放在设备的结构介绍上，而是在介绍自动化立体仓库组成之后选择合理的实验对象进行操作模拟，让学生了解自动化立体仓库的运作管理，在操作流程中认识设备的功能，了解设备的使用方法。

首先，在实验中选择学生试卷作为实验对象，因为学生试卷具有货物管理对象的复杂性特征，包含了开课时间、任课教师、科目、班级、课程性质等多种信息，同时学生通过实验了解了教学资料的管理，具有非常强的实际应用性。在学生分析试卷信息特性的基础上进行编码规则的制订，了解自动化立体仓库数字信息化运作的操作特点，在编码中通过选修课试卷班级的复杂性和补考试卷课程内容的复杂性让学生了解编码工作的难度，利用这个实际问题引导学生思考问题，让学生思考如何利用有限的编码位数表达复杂的信息，培养他们的创造性思维。学生通过条码打印设备实际打印条码，通过实践让学生了解不同种类条码的特点和选用标准，具备实际的操作能力。

其次，介绍在分析货物对象特性的基础上确定合理的储位管理方法，应让学生了解自动化立体仓库货架的编码方法，熟悉四位定码方法；然后根据库存的实际状况设置合理的管理方法，这时学生要分析库存货物的特点，比如不同种类商品的出库频率等对货位的影响，在实践中掌握储位管理的基本原理。

最后，选取了自动化立体仓库的典型设备——巷道式堆垛机进行实际出入库的操作，让学生在实际操作过程中了解巷道式堆垛机的主要性能参数，通过巷道式堆垛机的实际操作了解储位管理的重要性，既熟悉了设备的性能，又强化了学到的知识，起到了良好的学习效果。

通过这样的实验，学生不但掌握了立体库主要组成设备的功能和性能参数，还熟悉了运作的流程，了解了立体库的管理方法，提高了实际的操作能力，做到了理论知识与实践操作的有机结合。

在进行实践教学的过程中应注意研究课程设置的思路方法，结合具体的物流专业培养目标和社会实际工作要求来制订实验教学计划；可采用对比分析的方法，对学生的学习效果进行评估，并结合教学过程学生的具体反馈意见，得出影响实践教学效果的主要因素，并分析其影响关系，分析不同实验教学内容和方法的优劣，并进行实践教学内容的调整，以获得最优实践教学方案。

第十章 面向应用型物流人才培养的实验教学研究

在建立面向应用型物流人才培养的教学体系过程中，实验教学将发挥越来越重要的作用，将理论教学与实验教学并行发展才能达到预定的教学目标，在这种教学理念基础上应对实验教学过程中的一些关键问题进行深入分析，以更好地指导实验教学工作。

一、强化课堂教学与实验教学一体化

目前从高等教学的发展趋势不难看出，大幅度地压缩课内学时、给予学生更大的学习自由度、增强学生的学习自主性已经成为未来高等教学的一个重要方向，实验教学的重要性虽然不断认识提升，但是其教学时间的绝对值仍有可能出现递减的情况，因此需要在强化实验教学内涵的基础上扩展实验教学的外延，不应将实验教学仅仅局限于实验室，而应搭建以实验室为核心的综合实验平台，基于空间、功能等多维度促进实验教学与理论教学有机融合，实现课堂教学与实验教学的一体化。

在教学过程中应首先弱化课堂与实验室之间的界限，实现实验室与课堂教学功能的教学内容以及教学过程一体化，将实验验证与理论教学有机融合，实现理论知识与实际应用无缝对接。以托盘的堆垛实验教学为例，通过开发模拟教具，将托盘堆垛方法、物流模数、性能评价等实验内容延伸至课堂，理论教学之后随之进行实验验证。这样在保证教学过程经济性的基础上，实现课堂教学形式多元化、教学方法多样化。课堂教学与实验教学的一体化构建模式是实现理论知识传授的立体化、保证理论知识与实践应用的连贯性、提升教学质量的重要措施，将改变实验教学的附属性地位，在提升其重要性的同时不削弱理论教学的既有地位，理论教学的开展同样可以转移至实验室进行，实验室将会与课堂构成互为补充、相互促进的双赢发展模式。要实现这种模式关键是理念的更新，改变传统的分离式教学思想，同时要重视辅助教学设备的开发以及基于融合集成观念的教学方法改革。

二、能力综合培养体系构建

若要建立面向实验全过程的能力培养体系，首先要将实验过程阶段化，不同的阶段树立不同的能力培养目标，采用不同的能力培养方法。以自动化立体化仓库运作实验为例，该实验教学的运作数据准备以往都是以教师提供的基本数据为准，对于路径优化的教学内容往往会出现集体对个体学生的依赖性，最终导致实验结果的同一性，不能达到预设的教学目的。如果将实验模拟数据的收集改为以学生为主体，有条件的情况下学生可以通过企业运作实际调研整理，并应用于实验教学，从而将社会资源的实际应用与实验教学的内容建设结合，扩大实验内容的空间覆盖性，并在此过程中通过学生的积极参与，培养其信息收集、整理的能力。实验过程中可以侧重强化学生的实际动手能力培养，教师还可以预设一些基本的错误模式，考察学生的随机应变能力，错误模式应基于企业运作的实际情况，在此基础上进行总结、归纳和提升，使之更具典型性，加速学生实验室操作能力到未来岗位作业能力的转化过程。在实验操作过程结束后需要重视实验结果的总结，应安排一定的时间进行以小组为单位的总结讨论，学生相互交流，总结实验过程中出现的一些问题，积累实际运作经验。自动化立体化仓库运作实验中不同组的学生可以结合本组的使用背景对采用的储位策略进行分析，有利于提升其归纳总结能力以及团队合作协同能力。实验教学过程不应单纯地分解为实验前、实验中和实验后三段模式，可以根据实验的具体情况进行进一步细化。采用此种教学模式会丰富实验教学的内容，建立分阶段、多元化的立体式实验教学体系。

三、实现实验教学培养目标多元化的手段研究

实验教学功能不应简单地设定为动手能力的提升和理论知识的验证，此类定位本身就人为地将实验教学设定为理论教学的附属。若要提升实验教学的地位不应紧紧强调实验教学的时间增加，而应首先将实验教学培养目标扩展，实现培养目标多元化的实验教学构建模式。

理论知识在某种程度上源于实验，是实验经验、数据的积累、总结、分析，在教学过程中可以考虑让这种符合人认知规律的模式在教学中再现，先进行实验教学，在实验教学中总结出理论成果。在此模式下学生始终处于知识的探索阶段，接收新的知识，并需要对知识进行实时的、综合性的整理归纳，体会理论知识产生的全过程，对于此类知识的认同度和理解性就会不断地提升。以拣选作业为例，传统的实验方法是在课堂教学后进行对比验证，如果进行教学改革将在一定的模拟条件下让不同的同学对不同的订单进行运作，并进行效率统计对比，完成差异化分析比较后进行经验的交流，让学生自主地找出拣选运作中影响效率提升的影响因素，并提出改进策略，进一步总结不同的拣选方法，对拣选设备的改善提出建议，最后将实验的结果与理论知识进行对比，让学生真实、全面地体会到理论知识发掘整理的全过程。这种将理论知识的认识引入到实验教学中理顺知识的认知过程，就可以扩展实验教学的功能，实现实验教学和理论教学的有效衔接。

对于实验教学的能力培养目标应尽量多元化，动手能力是核心，观察能力、创新能力也同样重要，手是执行的工具，但是脑、眼、耳功能的培养也同样不可缺少，应利用多个感官维度对学生进行有效地刺激，形成更加深刻的印象。同时实验教学中，培养严谨治学、实事求是的科学作风，达到作业标准规范，增强纪律性，加强对实验仪器和实验结果的责任感，这些都应全面纳入到实验教学的培养目标中，并安排具体的教学环节。实

验教学只有在树立了正确的培养目标基础上，教师才能在教学内容的设置以及教学方法的选择上进行对位的建设，从而搭建起系统的教学平台，进而进一步扩展实验教学的内涵，扩展其外延，加大实验教学的力度。

四、具体措施建议

物流实验的内容选题应提升对于实验结果多元性的认识，管理学科的一些实验得出的结果可能会是定向性的认识，并不能实现绝对量化，在实验过程中需要侧重于这一点。在实验教学内容的建设上，同样需要与学科建设、科学研究相结合，在实验课堂教学上要实现科研与教学的有机融合，将科研项目与实验内容有机结合，实现教学内容的不断更新、扩充。

物流实验教学目前正处于发展完善阶段。重视内容的开放，在实验室搭建的硬件平台上实现多场景模拟，适应不同学生的求知需求是目前提高实验室开放力度的重要手段；时间维度的开放适合于软件类教学，与硬件相关的实验则需要有一定的局限性，因为物流实验设备对于管理学专业的学生还是比较陌生的，其操作能力还比较差，不能独立地完成操作。对于实验室开放的力度建立采用以项目制为基础的评价制度，实验室效果的评价建议以学生自身的收获为基础，不要过于重视绝对的量化结果。

学生在初始阶段对于实验教学的新鲜感非常强，对于一般的设备以及作业模拟都会积极地参与，但是随着时间的推移，这种新鲜感减弱后，对实验教学的参与程度就会下降。在这种情况下，教师在增强内容趣味性的基础上还应在教学方法上进行多样化。

稳定的实验队伍需要有稳定的师资力量与之匹配，实验教学平台的构建需要建立“以高水平的学术带头人为核心，以专职实验教学教师为主体，以科研兼职型教师参与为基础，以校外资源为补充”四位一体的实验室师资构建体系。实验教学师资队伍需要具备较强的综合素质，需要具备扎实的理论基础、较强的实践操作能力、多样化的教学方法三位一体的综合素质能力，才能更好地胜任教学工作。

第二篇

专业实验室建设研究篇

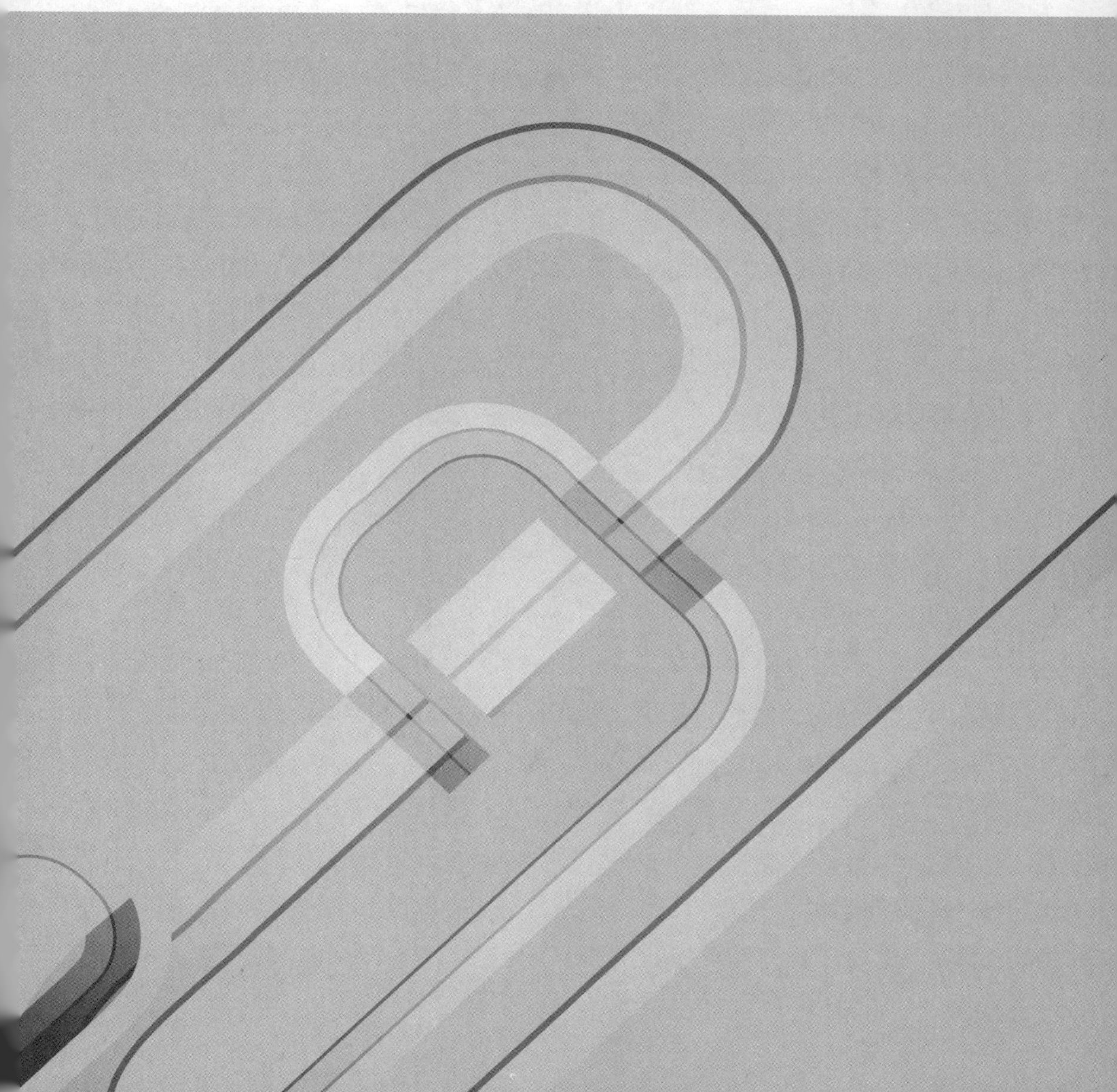

第一章 基于联盟的面向产业的地方高校重点实验室可持续发展策略研究

重点实验室是科技创新体系的重要组成部分，目前地方教育行政管理部门结合区域经济、科技发展实际情况积极开展省级高校重点实验室的建设。建成的重点实验室在所属地区具有较强科技实力、技术服务能力以及地域辐射服务能力，已经成为学校教学、科研以及社会服务的重要载体和基础平台。目前重点实验室的研究方向较为多样，传统的实验室往往以所研究的学科对象来界定，侧重基础科学的研究，如声学、力学实验室等；随着社会经济的发展，以产业名称命名的实验室开始增多，如作者单位所属的北京市物流技术与系统重点实验室等，这些实验室已经成为我国高等教学、科技发展以及产业技术水平提升的重要基础力量。

一、面向产业的重点实验室服务需求特征分析

知识经济的到来对产业的发展影响深远，目前实际在产业应用的知识创新已经呈现了典型的综合性、交叉性、复杂性的特点，其产生和应用需要跨学科、跨专业、跨区域的多主体合作完成，对高等院校的教育、科研以及社会服务提出了更高的要求，但是由于体制、机制、历史、理念等多方面的限制，我国高校的资源优势发挥得并不理想，特别是实验室资源的利用不足，并没有将优质的人力资源、设备资源、资金资源等转化为优质的产业应用资源，与某些地区设置面向产业的重点实验室初衷并不吻合。

当前一些重点实验室过多地依靠上级主管部门投资，运营效率较低，运行成本高，没有形成良好的运行机制，与产业的结合度不高。国家的科研重心目前正在发生转变，产业中的其他主体，特别是企业的作用不断强化，以市场需求为导向、产品开发为牵引的集成资源模式日益广泛，而面向产业的重点实验室则表现得行动迟缓，其作为促进产业发展的核心地位在一定程度上正在弱化。

一般实验室的建设分为“初创阶段、提高阶段、优化阶段与成熟阶段”，服务地方经济的面向产业的地方高校省级重点实验室在借力上级主管部门完成原始积累进入提高阶段和优化阶段后，表现为后续发展动力不足，无法形成基于产业知识创新的持续发展模式，在人员、资金、设备、课题等方面缺乏持续的改善动力，进而在产业中的作用受到了削弱，并不断持续弱化，其未来发展受到约束，不容易通过优化阶段而进入较为稳定的成熟阶段，实验室无法持续保持在较高的综合水平，资源利用低，有效产出少，无法形成自身特色，外部发展环境进一步严峻。

为了实现实验室的可持续发展，应在分析产业知识产生的基础之上，结合产业相关主体的利益诉求对重点实验室的运行机理和作用进行分析，基于可持续发展理论、协同理论、系统理论等科学方法，将学校、实验室、教师、学生等内部资源，与企业、中介机构、产业协会、科研机构、政府机关以及国外相关机构等外部资源进行集成考虑，树立多主体的竞合关系，建立可持续发展的泛联盟构建机制，从而优化资源配置，解决目前该类实验室发展速度慢、聚合效应差、知识创新能力弱，服务水平难以提升、可持续发展乏力的问题。基于该联盟构建模式可以形成覆盖产业的多层次组织形式，建立共赢的产业多主体合作体系，为联盟参与主体提供迅速把握创新方向、缩短创新时间和共享创新资源的手段，有效降低新知识开发及交易成本，提升产业发展水平，增强实验室的外部资源利用能力，促进其可持续发展。

二、以实验室为核心的面向产业的地方高校省级重点实验室联盟模式的必然性分析

联盟是资源配置的一种形式，联盟参与主体根据自身的利益需求寻求自身资源与外部资源的协调发展，各主体构成的系统期望获得多方的利益共赢，一般在产业内部可能参与联盟的各主体利益需求如表2-1-1所示。

表2-1-1　实验室构建参与主体利益需求内容

主体名称	利益需求内容	备注
学生	实践学习、创新研究环境	
教师	教学环境、科研环境、社会服务环境	
学校	教学水平提升、学科建设发展、声望	
学校上级管理机构	学校办学水平提升、社会服务水平提升	
企业	人才培养、工程技术创新研究与应用	
行业协会	行业发展	
其他组织	工程技术研究与应用成果	科研基金等
相关实验室	教学环境、科研环境、社会服务环境	

通过上述分析可以看出，实验室等相关主体虽然利益追求表现形式不同，但却存在对资源利用的同质化和最大化的共同追求，因此如果能够合理地选择合作模式，会使参与主体形成新的运作模式，形成新的价值链组成形式，其中搭建以实验室为核心的联盟机制具备一定的优势，特别是面向产业的地方高校省级重点实验室作为此类资源整合的核心在某些形式上更为恰当。

产业的发展需要科技的持续更新，结合增长极理论，考虑产业知识的产生过程不难发现产业主体发展的条件和开发潜力存在差异，优先开发优越主体，形成产业知识创新中心并扩大其辐射范畴，避免低效同质竞争，以此来带动相关主体集体发展，可以获取良好的资源配置效益，提升整个产业的知识进步水平。作为产业知识创新重要载体的重点实验室具备成为

产业发展增长极的先天条件，以其作为带动整个产业可持续发展，特别是充当知识创新发展的核心，不但可以充分地发挥实验室作为基础和应用科学研究基地的优势，还可以降低整个产业的知识创新成本。实验室可以充分地利用自身在设备、人员以及知识储备方面的优势，在产业创新可持续能力分布不均衡的条件下形成一种扩散梯度，以实验室自身为核心，以联盟成员为辐射区域，尽量弥补各主体之间的发展差异，形成自身不断进步、周边不断提升的良性循环。在处理实验室与产业之间关系的问题上，要充分考虑产业分工、区域分工，提高资源的时空配置效益，以形成优势互补的产业发展格局。

综上所述，面向产业的地方高校省级重点实验室将成为未来产业知识创新的主体承担者，制订产业发展方向的主导引领者，成为重要产业知识创新的推动者，并最终成为产业发展的受益者。

三、以实验室为核心的面向产业的地方高校省级重点实验室联盟的构建模式分析

本书所提出的实验室联盟是实验室的一种立体扩张形式，最终目的是将实验室建设成为产业领域内部的学术中心、知识中心、资源中心、培训中心，成为产业可持续发展的动力源泉。在构建该模式时要注意横向一体化和纵向一体化，实现资源的最大化利用，基于实验室和产业发展的实际情况，以面向应用的物流产业为例，设置的联盟机构构建机理如图 2 –1 –1 所示。

图 2 –1 –1 中十字形横轴为同类学科实验室联盟，纵轴为跨学科实验室联盟，共同面向产业的实验室联盟核心框架，底层为依托的产业资源，实验室同盟与产业之间的联系支撑主要包括资金、硬件条件、人才等核心条件要素，还包括政策、文化等辅助支撑要素条件。根据模型得出重点实验室处于同类学科实验室和跨学科相关实验室的交叉口上，依靠人才、硬件、资金以及相应政策等辅助支撑条件，立足于产业资源之上，形成产业创新的核心。

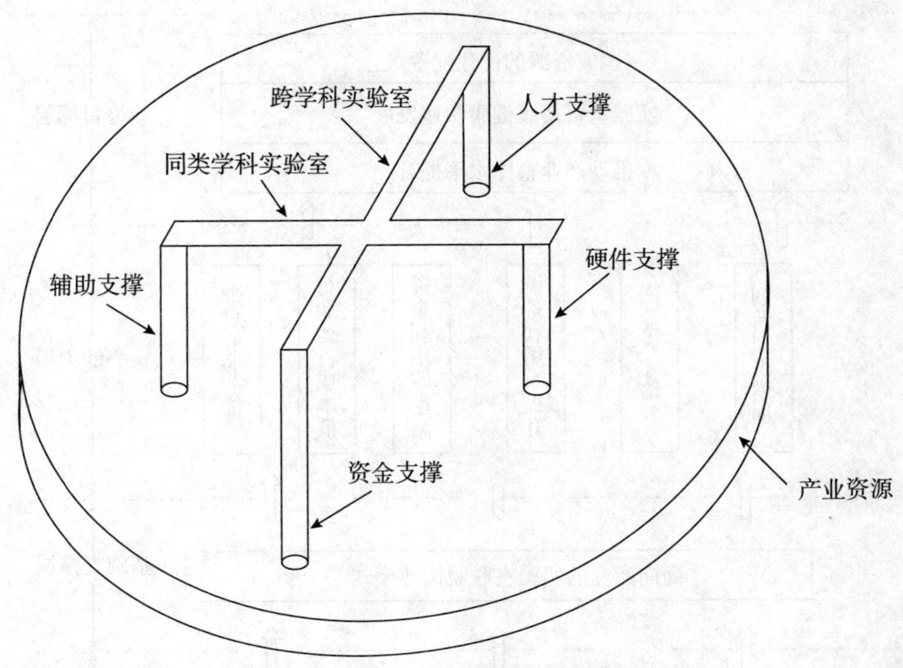

图 2－1－1　实验室联盟构建模型示意

四个支撑条件是实现实验室发展的重要约束条件，也是构建联盟的主要影响因素，基于联盟公共平台的产业发展模式如图 2－1－2 所示。

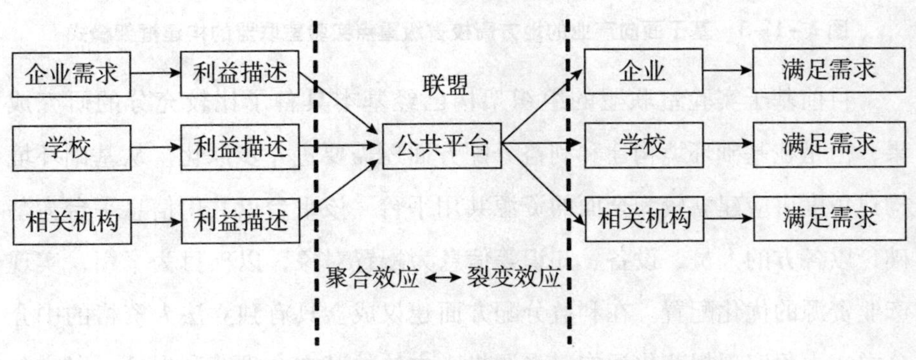

图 2－1－2　基于联盟公共平台的产业发展模式

该模式下利益被基于联盟的公共平台所协调，形成各主体的多重共赢，该模式需要综合应用现代管理理论，提出新的实验室运行框架，基于面向产业的地方高校省级重点实验室联盟的构建框架模式如图 2－1－3 所示。

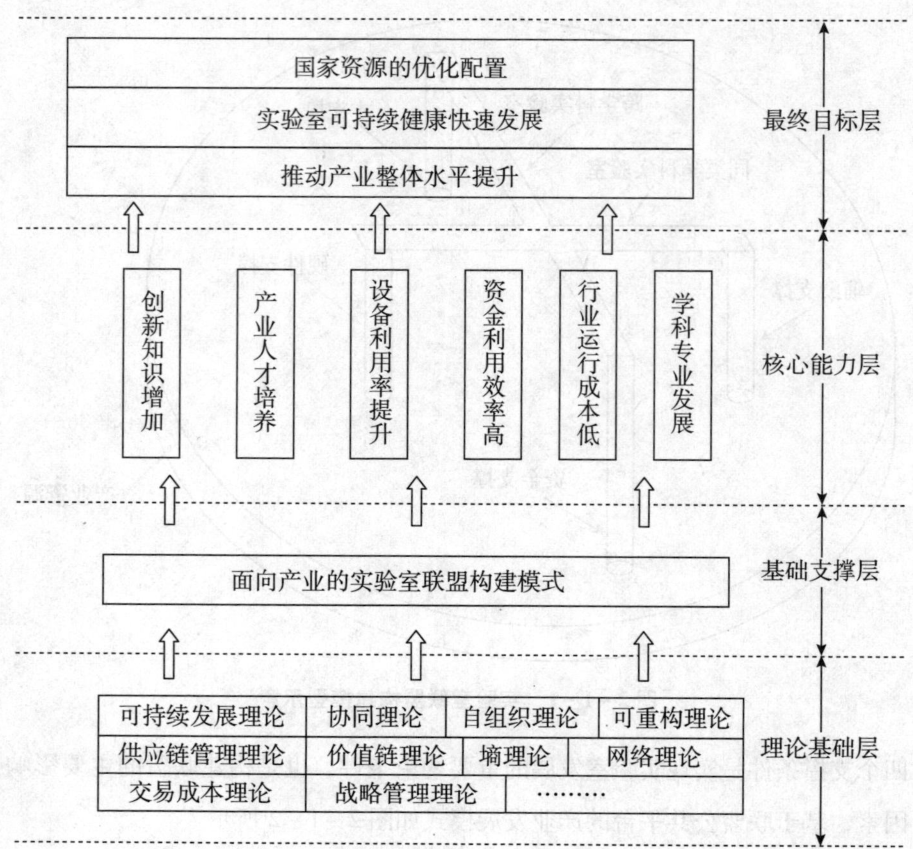

图 2-1-3　基于面向产业的地方高校省级重点实验室联盟的构建框架模式

目前基于实验室联盟的组织架构已经基本具备了比较充分的研究成果，但是在基础环境构建和利益分配方面还需要进一步深化。从基础环境构建角度讲应建立较为全面的资源共用平台，该平台以共用信息平台为基础，以各方的人员、设备、知识等信息为配置对象，以项目为牵引，实现产业资源的优化配置。在利益分配方面建议成立具有独立法人资格的中介公司，力争实现规范化运作，强调投入主体的基本合理获利保证，以充分调动参与主体的积极性。

产业的发展目前基本以产业知识经济为牵引，地方高校省级重点实验室已经具备了充当产业发展发动机的能力，核心问题是建立完整的组织架构，形成新的产业运作模式，让实验室特别是地区重点实验室成为产业知识的创新中心，产业新技术应用和新产品的示范中心，产业人才的培养中心以及产业基础理论的研究中心，在地方经济的发展中起到更加突出的作用。

第二章 基于系统化思想的物流实验室构建研究

在物流实验室的建设工作方面，很多学校已经跨过了简单的基础建设阶段，为了更好地提升物流实验室的服务能力，需要更加系统地研究物流实验室的构建体系，使之成为提高物流类专业学生培养水平的重要支撑。物流实验室的建设要瞄准国家新的需求，适应行业新的变革。以前通常将实验室建设单纯地归结为需要设备的购置、教学开展场地的建设等，并没有针对实验室建设的多维度、多元化展开研究，而实验室的建设涉及多方面的资源协同，以形成真正的核心教学竞争力。

一、物流实验室建设的框架体系分析

根据物流实验室的建设全生命周期分析，可以将物流实验室的建设框架分为下图所示的框架体系。物流实验室的建设动力是实验室建设的前提条件，学校作为培养高等专业人才的机构，有责任和义务为相关教学工作的开展提供良好的外部环境。

同时，国家会对学校教学部分给予相应的经费支持，因此就有了建设实验室的基础。目前高等教育已经初步达成了一个共识，就是在实验室开展教学的效果会更好、学生的满意度会更高，在这种教学形式丰富的环境下，学生的专业能力会得到更好的培养，因此就业和未来的发展也就更有保障，会提高学校培养能力方面的声誉。在众多因素的共同推动下，实验室建设成为高校建设的重要内容，也成为衡量高校办学水平的一个重要指标。

在推动层的作用下，物流实验室的建设由主体层负责推动完成；上级主管部门负责下达计划、批准相关资金；学校是根本，以项目形式完成实验室的运作，中间需要资产处、财务处等部门配合；教师是其中的主体，需要明确相关的需求，完成各类计划资料的整理工作，确定建设内容，并和学生配合完成相关的教学工作。社会资源广泛地介入到实验室的建设中来，通过提供产品和服务加入到这一体系。

物流实验室建设的框架体系如图 2－2－1 所示。

成果层	人才	声誉	项目	论文	工作量	职称
要素层	场地	软硬件	内容	方法	时间	人员
主体层	学校	教师	学生	社会资源	政府	
推动层	责任	资金	声誉	理念	义务	

图 2－2－1　物流实验室建设的框架体系

物流实验室若要具备教学能力，需要要素层各个部分进行配合，首先场地和软硬件是基础，配套的教学内容和教学手段是关键。目前物流实验室的主要问题是各类资源不匹配，以全自动化的物流设备系统为例，很多学校配置的设备投入金额较大，但是与之匹配的课程体系不够，受益对象主要集中在物流管理或物流工程类学生，学生受益面较窄，且多课程在同一实验平台的多层次重复展开不足，能够提供的实验教学能力不足。因此，物流实验室如果单纯地界定为专业实验室则肯定会导致受益面过窄，建议根据学校的学科特点进行跨专业、跨学科拓展，例如与电子商务、企业管理等经管类专业，以及与物联网、信息技术、机械电子、自动控制、工业工程等工程专业进行统一规划。物流产业本身就是复合型产业，是集成了多专业、多学科的综合体，因此在规划实验室的过程中应该尽量发挥其辐射效益，只有这样才能扩展物流专业实验室的适用性，形成面向经济管理类本科生为主，跨专业、跨学科、全流程、多岗位的综合实验平台。

物流实验室构建框架的成果层主要反映实验室所起的作用。良好的实验教学环境必然会提高专业人才的培养质量，学校也会获得更好的声誉。但是作为主体与核心的教师的收益则需要有更多的体现。在赴美考察过程中，笔者对比了几所院校的情况，良好的本科教学环境和声誉与学生的学费直接挂钩，也直接关系教师的工资待遇，学校对实验室的建设工作有统一的资金安排，尊重教师的劳动。而我国很多高校并未明确教师待遇，教师从事实验室建设的劳动得不到体现，在完成实验教学改革后的提升成果得不到相应的认可，而在职称评定等方面也存在量化不足的问题。其实一个符合专业培养目标、突出专业特点的物流实验室是需要精心设计的，其工作与一般的物流设施设备规划同样具有难度，部分社会企业提供的教学软硬件设备并不能满足多元化、个性化的教学需求，因此需要良好的规划，具有典型的教学科研性质。目前学校实行教学、科研同步考核，从同工同酬的角度认识，实验室的规划设计就需要加以认可，即便是购置了通用的教学平台，如何合理地规划教学内容、凸显特色需要仔细研究。同样是具有科研特点的教学科研项目，很多时候由于忽略了这方面的考虑结果造成教师的投入不足，进而在教师的论文、项目、工作量、职称等评价方面都得不到体现，也就最终导致了实验室建设的“先天不足”，从而使实验室的建设在推动主体层出现了以学校为主导、其他主体配合不足的问题。所以在实验室建设体系构建方面一定要重视突出实验室特色、突出专业培养特色的目标，尊重并协调各个主体的权利和诉求，才能真正实现多主体的协同。

在实验室构建过程中存在一种认识，就是资金至上，经济基础决定实验室的能力，二者呈现典型的正比关系，学校之间的实验室水平对比成为投入的对比。笔者赴美考察期间参观了北卡罗来纳大学和杜克大学的实验室，在北卡罗来纳大学参观期间发现其实验室的容量很小，主要是研究物流与社会经济运行以及社会关系服务之间关系的一个实验室，但是构建这样一个系统需要多方面的数据，它们都是从实验室之外获得的，从本科生、研究生、博士生一直到教授都基于这样一个平台完成，需要数据收集、模型仿真以及实践验证等多个层次的工作，在这样的平台上，学校、教师、学生、社会机构都参与进来，每个主体都有自己的既定目标，成果形式虽然不同，但是最终均可实现共赢。这种很好地融合了多主体需求的形式是值得提倡的，兼容了教学、科研以及社会服务的工程，投入量不大，但是产出很高，值得借鉴。在实验室构建过程中要从系统的不同方面去探索，其实在一个物流企业中也是如此，从某种角度来讲，从总经理到操作现场的员工，大家面前的平台都是一样的，只是关注的视角不同，实验室的平台在某种程度上是静态的，只要从系统的多角度考虑，就能赋予实验室多种功能，获得不同的教学效果。

二、产学研互动的立体化物流实验教学共享平台的构建分析

面对新的挑战，需要新的思维、力求新的成果，也就是要把握好如何建立科学、合理的实验室建设体系这一核心问题。目前在理论和实践方面已经做出了很多的探索，提出的思想也有很多，主要集中于适应国家教育发展战略、满足行业需求、创新人才培养模式、摆脱学校的“单核心”，侧重合理地多方位整合优质资源，实现科教一体、产业对接，构建多元化协同创新能力，基于前沿需求完成物流实验室建设的转型，从深度和广度扩展实验室建设的内涵，构建新型的实验平台，并依托这一平台主动适应社会的新需求。

产学研结合的物流实验教学共享平台立体化表现为三个维度：一是建设内容多层次，包括教学理念创新、教学方法扩展、教学资料编撰、软硬件平台搭建、实验用技术设备研发、成果应用转化推广等；二是建设主体多元化，广泛吸引相关院校、社会企事业单位共同参与，以物流博物馆和重点实验室为依托，多渠道扩展教学资源，转变单纯依靠学校投入的方

式，拓展实验室功能，实现产学研协作共赢，并最终实现实验教学、科研创新与社会服务的互动、可持续发展；三是受益对象多元化，可以满足以物流类相关专业为核心，多课程、多层次的全培养周期实验教学需求，同时面向专科生、研究生及其他专业本科生、社会培训使用，并对外开展多种形式的教学输出和服务活动。依托该平台建设实验室联盟，形成学分学时互认机制，实现优质教学资源共享，为其他高等院校的物流专业提供教学服务，培养外校实验教师，接待交流学习，成为辐射范围广的开放式教学资源共享平台。

为保障该平台的实现，需要做好以下几个方面的工作。

（1）以创新教学理念为引导。倡导“来源于企业而又高于企业”，面向学生提出“知识+技能+能力+素质+经历+经验”六位一体的教学培养目标，扩展实验教学功能，形成学生能力培养平台、教师科研创新平台以及社会企事业单位服务平台为一体的可持续发展模式。以丰富教学内容为基础，形成面向“多专业+多课程+多层次+多对象”的教学内容体系，满足物流类专业全培养周期、多专业课实验教学需求，兼顾专科、研究生、相关专业以及社会培训需要，并形成演示至创新设计的多层次实验体系。

（2）以多元化教学方法为保证。引入团队式、实景式教学模式，以行动学习为导向，摸索知行合一的教学手段，强调实践、理论、实践的知识认知和应用过程，建立“预习+操作+讨论+实验报告+拓展应用创新”的多阶段教学体系。

（3）以集成化专业软硬件平台构建为核心。以实验教学实际需求为导向，研发工程技术和设备，推动技术创新，形成具有较强应用针对性的软硬件平台，并强化自主知识产权保护，申请相关成果的专利。

（4）以实验资源共享为纽带。建立实验室联盟，促进优势资源开放，实现学分和学时共享，并面向物流实验教学欠发达院校进行教学输出。

（5）以实现产学研互动共赢为拓展。以物流博物馆为依托，汇集企业等外部资源共建实验室，并与企业合作推动实验教学成果产业化转移与推广，为教师、学生提供科研创新支持，同时为企业培训人员构建融教学、展示、科研、社会服务为一体的多主体互动共赢平台。

三、实验室构建创新模式分析

实验室的建设单纯地依赖学校投资具有较大难度，学校的创收能力不强，实际还是依赖政府投入，因此必须创新实验室的建设模式，可以充分调动其他主体的参与度。

1. **依托实验室建设物流博物馆**

国家提出文化大发展、大繁荣，物流实验室建设阶段应具有较强的前瞻性和综合性，以成为向社会提供综合服务的基地，因此创建博物馆是一种实验室建设的新模式，在保证教学的基础上，形成新的社会服务功能，并传承和发展物流文化，成为实现高等院校功能的新途径。以北京物资学院为例，以物流博物馆为依托，将企业物流技术和装备通过多种渠道引入教学系统，成为实验室资源的有益补充，并合作开发设备用于实验教学。目前已经有集保物流设备（中国）有限公司等将相关产品纳入到实验平台运作体系中，为实验教学提供免费的教学资源，教师则以此为例进行相关产品的案例介绍，让学生了解相关产品。实验平台负责向参观的企事业单位用户进行推广，使物流博物馆成为365天不间断的现代物流技术与装备的展览馆，很好地扩展了企业的影响力。同时，教师也可以利用该资源进行科研活动，扩展了平台的适用面。基于该平台还广泛开展了面向社会企业的服务工作，提供物流解决方案，目前实验室已经被批准成为中关村开放实验室，实现了实验平台资源的进一步共享。同时，用人单位通过该平台也加深了学生对企业产品的了解，在学生中宣传企业，并可以优先接收学生实习和就业，解决人力资源问题，真正达到了学校、企业、教师、学生的共赢，实现了实验平台建设的可持续发展。

在赴美调研期间，笔者发现美国的高校也都有相应的博物馆机构，例如北卡罗来纳大学拥有篮球博物馆，该博物馆不但可以为本校的篮球教育提供平台，还可以充当向社会服务提供篮球文化宣传的基地，起到了良好的示范作用。在美国社会还存在大量的专业博物馆，例如航天与运输博物馆等，这些博物馆也都成为高等院校专业学习的好场所。加强实验室与博物馆建设的沟通，实现实验室功能的扩展是实验室未来建设的一个发展方向，这样实验室的建设会受到更多方面的资助。

2. 开展远程实践教学模式

实验室的资源有限，而物流企业拥有大量的作业资源，如何能够实现实验室与企业的资源融合，构建以合作—互动—体验为特色的综合平台是物流实验室建设的又一重要命题。

企业中存在大量的设施、设备、人员、货物等各类显性资源，也有流程、管理方法等隐性资源，与实验室的运作环境相比更具真实性、复杂性和多样性，关键是企业资源的数量远远超过学校，因此将二者融合共建是扩展实验室建设外延的重要手段。

由于现代技术的发展，特别是通信技术、存储技术等为企业和实验室之间跨时空的合作提供了良好的技术保证，并可以与课堂教学实现无缝对接。企业提供给学校的支持，以往主要是拍摄视频和现场参观。拍摄视频互动性比较差，现场参观受地域、时间以及费用等限制也不便长期展开，因此开展以实时多媒体传输技术为基础，辅以视频拍摄存储的形式建立实验室外部教学环境就具有较好的可行性。首先按照培养目标以及授课的要求，对涉及的物流企业进行分类，以配送中心为例，主要包括功能区域布局、设备设施选型与集成、流程优化、管理信息系统、路径优化等多个方面，可以在企业的相应位置安装多媒体通信设备，作为案例实时切入实验室或者课堂，让学生观察总结，使之成为校内资源的有益补充。如有实验室有同类资源，则可以开展对比分析，扩展实验室的教学内容。校外企业的人力资源较为丰富，可以与师生进行互动，将实战型的理念引入学校教学。企业通过长期运作积累了大量的运作数据，可以经过必要处理建立数据资源库，为开展实证研究提供帮助。作为实验室的补充，企业可以提供全过程的流程展示，弥补实验室选取典型环节进行展示的不足。目前物流类专业中仓储、运输、配送、物流设备、物流实训等类型的课程都可以借鉴这种模式，实现远程实践教学，实现基于开放式网络化的虚拟实验教学系统。

基于上述模式，强化实验室的构建模式创新，实现以实验室为核心、社会资源为辅助的一主多翼方式。

物流实验室的建设需要迎合新的需求，有更多的创新思维，中西互补、多元并举，但是最核心的还是利用系统的观点来考虑这一问题，从多个视角探索科学的模式，并最终形成以实用理论知识为基础、以实验教学为保证、以实训内容为提升、以实践应用为关键、以实习岗位为锻炼。以实现就业为导向的阶梯式驱动的物流实用型人才培养体系。

第三章 提高物流实验教学水平的策略分析

物流实验教学是物流专业人才培养的重要组成部分。随着当今社会对综合能力型物流人才需求的加大，物流实验教学的地位和作用日益增强，已经不再是课堂理论教学的从属角色。为提高物流实验教学的质量，需要从实验教学理念、教学内容、教学方法、教学评估等多个方面入手建立比较系统全面的物流实验教学体系，为物流相关专业的教学提供良好的基础条件。由于物流实践教学起步较晚，因此发展过程中还存在一定的问题，主要体现在实验内容还有待改进、实验实施设备利用率不高、实验教学全过程评价体系不够完善、实验教学手段不够丰富、实验教学的管理方式不够科学等方面。

一、更新实验教学理念

实验教学水平的提升，首先是实验教学理念的提升，理念的提升在某种角度上说是对实验教学定位的提升。实验教学是与理论教学并行、并重的，但不能一味地因为强调其重要性而人为地割裂二者之间的关系，而应更深层次地认识实验教学的作用。

大量的理论知识来源于实验之中，在“授之以渔”的教学目标之下，恰恰是实验环境能够给学生还原知识的产生、积累及完善过程，因此在教学过程中可以将课堂理论知识传授方式转变为实验探索过程，让学生去亲身感知，而不是让学生做实验进行理论的验证，人为地将知识的创造过程转化为知识的验证过程。对于以实践应用为特色的物流专业这种实验教学的理念更应该加强，因为很多物流理论知识的产生都来源于实践，应遵循“实践—认知—实践”的知识发展过程，将其映射到实验教学之中，通过合理地设置教学环节逐步形成对事物不断深化的认识。要让实验室和教室成为同等重要的教学场所，通过教学理念的转变也可以将大量的验证性实验转化为综合型、探索性实验，解决实验教学分层次不均的问题。

明确提升实验教学的作用，单纯地提升认识还不够，要用一种制度保证这种定位的执行，即落实到具体的教学活动中。在培养计划的制订过程中不仅仅是将实验动手能力提升写入培养目标，更是要将具体的教学任务进行细化，写入培养计划。完善的实验教学课程体系包括独立的实验课程、必要的课程实验、专业性较强的课程设计、拓展性的开放实验，还需要对一些课程内容进行适当的规范，给出指导性的意见，只有这样才能把重视实验教学的理念切实落实到位。

二、构建完备的实验教学内容体系

实验教学内容是实验教学体系构建的核心环节，为扩展学生的知识面，在教学过程中必须尽量搭建面向物流全产业链的知识体系结构；为了突出教学重点，又需要尽量突出核心环节，因此物流教学内容体系需要具有“面宽点深”的特征。当前在物流专业理论教学内容体系尚未完善的情况下，物流实验教学更是处于面不宽、点不深的发展阶段，因此物流实验教学改革应着重研究自身体系的构建问题。对物流相关专业人才的培养应明确其具备的基本知识、能力体系，并因地制宜、因校制宜地凝练特色。对于仓储、运输、配送等基本核心环节必须有所涉及，不要造成人才培养上的知识“短板”效应，同时应着力塑造其特色，通过实验教学环节强化优势，使学生具备更强的竞争力。实验教学内容的完备还包括深层次教学内容的扩展。以叉车实验为例，本科的教学不能仅仅局限在叉车的使用上，要与高职教学有所区分，因此要在实验内容的设置上提升教学内容，例如可以重视叉车的选型以及集成原则提炼，完成与之对应的叉车仓储空间的布局设计、货架的选择等工作，使学生能够站在更高的角度、以更加全面的视角去认识该类物流设备，从而具备本科生教学所要求的理解、应用及设计能力，而不是一名熟练的操作工人。

实验教学内容的传授还需要好的实验教学方法。比如托盘的堆垛实验，在教学过程中可以充分利用学生的参与热情和好胜心，通过组成若干小组进行竞赛性质的教学工作，小组内部合作可以培养学生的团队意识，小组之间可以开展比赛，培养学生的竞争意识，还可以充分地活跃课堂气氛。在教学过程中还要避免教学过程的同一化，防止学生之间出现相互依赖的心理。比如仓储运作实验中，根据教学需要编写了随机数据生成系统，不同的学生获得了不同的实验数据，使教学过程能够产生差异化，每个学生的任务都不同，使他们更加充分地参与到教学过程之中。

对于有能力的院校可以开设实验选修课，实现实验教学内容的多开少选，为学生学习提供更大的选择范围。应重视提高实验室的开放性，将实验教学模式多样化、灵活化。在现有条件的基础上进行开放式和自主设计性实验教学内容的开发，配合提供实验的场地，让学生自己设计实验的方案，给学生提供深入学习的机会，在此过程中可以将教师的科研成果适当引入，为学生选题提供参考。

三、加强实验教学的管理

1. 提升实验实施设备利用率

目前物流实验室的建设规模不断地扩张。以基本硬件建设为例，典型的实验室硬件包括自动化立体仓库、电子标签拣选系统、自动传输系统、分拣系统、RFID 系统等，软件实验资源主要包括 ERP、货运代理、供应链集成等，实验室的整体投资规模基本都在百万元左右，实验室的整体已经初具规模，为物流实验教学提供了基本的硬件基础条件，但是实验室却未变成学生可以长时间利用的教学基地，实验室的设施设备利用率并不高。

以自动化立体仓库的实验教学为例，目前主要以演示性教学内容为主，主要是介绍自动化立体仓库的基本结构、功能等。特别是对于以物流管理专业为主的院校，该类设备的利用率更低，优势的硬件教学资源并没有等同地转化成为优质的实验教学资源，学生对于该类设备的实验教学往往出现期望高、失望大的现象，实验教学的消极影响还会作用于学生对物流领域的整体认识，产生连锁反应。对于此类现象应及时纠正，要从扩充实验内容等方面提高实验设备，特别是大型设备的使用效率。

2. 完善实验全过程评价体系

物流实验教学的质量评价是实验教学过程中的重要问题，评价的主体不单纯是教师，客体也不应简单定位为学生。评价应是教师、学生、教学内容、教学手段等因素之间的互动式相互评价，同时要重视对实验教学全过程的评价。教师对学生的评价不应单纯依靠学生的实验报告，仅仅完成结果评价，应建立分层次、多元化的考核体系。

对于操作验证型实验，应重视基础知识的掌握，实验考核由“预习准备＋实验操作＋实验报告”组成。实际操作的重点考查学生的实验技能，应该将学生操作过程的表现列入考核内容，其分值比例建议不低于20%，让分数成为学生投入的一个基本保证，促使学生能够重视实验过程、参与实验过程，真正领会实验的内涵。对于综合性设计实验，着重考察学生方案设计、测试结果分析、实验总结等方面的内容，实验考核可包括“方案实际＋过程实现＋结果讨论＋报告分析”，尽量安排师生互动的讨论，增加面试环节。对于创新研究类实验则应按照科研课题项目的管理方法，建立实验项目申请机制，实行中期考核并最终组织比较正规的课题答辩。在实验的进行过程中要有重视学生自我意识的调节过程，主要体现在自我认识和评价，通过实际操作让学生了解自己知识的掌握和应用水平，在实验过程中自我监督和控制，在实验目标的指引下完成规定的实验任务。

3. 重视实验室建设

物流实验室的构建有自身的特点，因此对于实验室的管理也需要建立与之对应的管理模式，实验教学的管理模式包括实验室的规划建设及日常管理，实验课程的开发、实验教学资料的管理等诸多方面。

目前很多高校的物流教师都具有管理学领域的研究背景，对于物流实验室设施设备的掌握具有一定的难度，实验室的建设往往呈现两种倾向：第一种是由不具备工程背景的人员负责建设，实验室建设后的利用比较困难，只能进行一般的管理和应用，建设负责人员本人的工作重心也不在实验室，实验室的管理不到位；第二种是选定具有工程背景的人员负责，建成后实验室由其负责，但由于掌握相关技能的人数有限，只能由其进行实验教学，其他教师并不具备实验室的基本使用能力，实验室的利用率同样无法提高。出现上述情况的原因并不是教学人员本身造成的，而是实验室的建设、管理机制缺失所导致的，物流实验室的建设往往投资比较大，因此实验室的建设一定要有专人负责，仅仅完成战略层次的总体规划是不够的，也需要有人负责后续的管理和运营工作，要更加重视具体的操作问题，选定的专职实验室管理人员应该具备一定的工程背景，才能完成实验室的日常管理工作，减少其他专业人员的代管。

4. 合理地处理实验教学与企业实习之间的关系

目前实验教学与校外企业实习之间的关系越来越紧密，良好的整合社会资源、搭建更为广阔的物流教学平台、实现资源的集约和最大化利用已经成为未来物流教学的重要发展方向。实验教学本身应该加强与外界环境之间的联系，由学校内部的封闭逐渐转型为向社会各个领域的开放，应首先在教学理念上树立实验教学与企业实习之间互为补充、相互促进的思想，充分地发挥二者的优势。

在目前中国的教学体制下，本科教学与高职教育的企业实习应该有所区别，在没有良好企业资源配合的条件下，开展长时间的企业实习教学并不完全适合目前的情况，究其原因主要有以下几个方面：一是教学时间的安排，按照培养计划，本科学生很难在现阶段学习过程中集中外出学习；二是企业的接受能力，目前中国的企业普遍缺乏为学校提供实习的环境，不论是人员的安排，还是教学内容的组织都不能很好地满足学习需要，特别是大规模的学生实习，一般的企业难以接收，同时企业之间存在明显的差异性，对于以学校名义组织的实习活动提出了较为严峻的资源分配考验；三是教学效率，学生在校学习时间很紧张，而在物流企业中实习，学生的重复性劳动过多，学习效率并不高。

课堂教学主要是教授已有的知识，对于学生而言是注入式的学习方式，要科学地处理与实验教学之间的关系，明确没有深刻的洞察和分析，没有对系统、丰富的实践资料进行编写和提炼，就不会有对理论知识深刻的理解，也不会产生创造新知识的灵感这一思想。要正确地定位实验教学和课堂教学之间的关系，教学过程从某种角度讲就是信息的传递与转换，其渠道具有典型多元化特点，实验教学与课堂教学的有机融合应该是具体感知与抽象思维的统一，理论知识与实践应用的统一，知识的获取学习与具体实际应用的统一。要科学地把握二者之间的关系，清楚地认识到物流实验教学的根本任务是“以人为本，将知识传授、能力培养、素质提高三者进行协调发展”。要从教学理念、教学内容、教学管理等多方面齐抓共管，突破限制物流教学提高的瓶颈因素，以实现物流教学的实质性突破，为我国物流产业的发展提供更多的人才支持。

第四章 未来物流实验室功能扩展研究

在我国经济社会高速发展的今天，物流产业的重要作用日益显现，物流业已经成为中国制造业和流通业重要的支柱产业，并成为促进经济发展的加速器，未来物流产业将在我国经济发展的大局中扮演更加重要的角色。党和国家高度重视物流产业发展，陆续出台了《中华人民共和国国民经济和社会发展第十二个五年规划纲要》《物流业调整与振兴规划》等促进物流产业发展的相关文件。根据国家战略发展部署，物流产业发展将成为21世纪中国经济发展的一个重要的产业部门和新的经济增长点，其发展将从整体上改善国民经济的运行效率，直接提高全社会的经济效益，也对物流教育提出了新的要求。物流实验教学在这一体系中的作用日益明显，已经成为培养现代物流人才的重要平台。但是受到物流实验室作为专业实验室定位的限制，物流实验室的发展受到了较大的限制，未来建设需要有新的运作和管理理念作为支撑，以保持实验室的长久发展。

一、实验室功能扩展模式分析

实验室作为开展实践教学的基本支撑条件，在完成传统的教学任务之后，需要扩展其功能，扩展其服务的主体范畴，形成学生、教师、学校以及社会资源的良性互动，使资源的使用实现以教学为基础、以科研为保障、以社会服务为补充的共享使用模式。

以北京物资学院物流学院为例，其物流系统与技术实验教学示范中心未来规划就考虑了这些要素，力求实现实验室建设模式的突破。具体内容主要是为适应国家战略需求和区域经济社会发展需要，按照学科建设与人才培养相结合、教学与科研相结合、实验教学与科技创新相结合，以及学校与政府、科研院所、行业、企业密切联合的原则，以实战应用型人才培养为导向，突出学校物流领域多学科多专业的交叉优势，在实验教学示范中心、教育部具有国际化视野的实战型物流人才模式创新人才示范区、北京市校外人才培养基地、中美物流教学与研究中心等优质资源的基础上，依托北京市物流系统与技术重点实验室、北京市物流现代研究基地、北京市商务委物流研究基地等教学科研平台，加强政产学研合作和教学科研结合，促进优质资源深度融合和充分共享，着力打造高起点、高水平、体系完善、管理规范、交叉融合、开放共享、富有特色的实验教学和科研综合平台，努力提高学生的工程素质和实践创新能力，培养出一大批高素质物流领域专业人才，助推国家和地方战略性新兴产业的发展。为了更好地适应这一需求，示范教学中心设定了形成 1 个高地、建设 5 个基地、构建 4 个平台的发展目标，如图 2 -4 -1 所示。

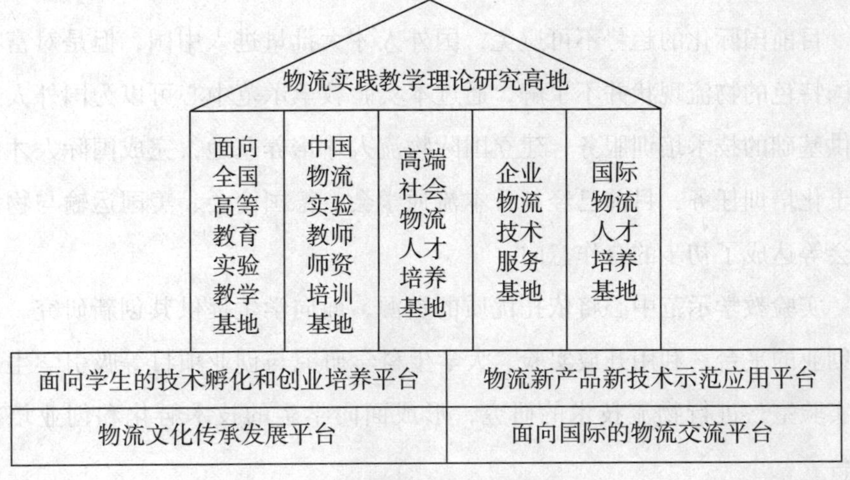

图 2 -4 -1　教学示范中心规划体系

实验教学示范中心需要依托原有研究积累，继续发挥在物流行业的引领作用，致力于物流实践教学理论和方法的研究，形成物流实践教学理论研究高地，为国内的物流类实验实践教学，特别是教学理论和方法提供理论上的参考。这一点对实验室的建设至关重要，需要解决实验教学理论研究的瓶颈约束，为进一步发展实验教学指引方向。

实验教学示范中心将充分发挥示范辐射作用，打造面向全国继续大范围地开展高等教育物流类专业的实验教学工作基地，以优质的资源吸引更多的高等院校学生前来中心开展教学活动。

实验教学示范中心将针对目前我国物流实验教学师资力量薄弱的问题，建立面向全国的物流实验教学师资培养基地，利用优质资源输出，解决困扰物流教学水平提高的瓶颈问题。

目前社会对物流专业人才的需求不断增加，示范教学中心将通过建立与政府机关、行业协会、社会社团以及企业融合的政产学研一体化的综合性物流人才培养基地，从深度和广度扩展实验示范中心的服务范畴。依托实验教学示范中心研究型、实景式的基础资源，将面向企业的技术服务基地，开展物流系统规划、优化等方面的技术服务，构建具有综合服务能力的企业物流技术服务基地，实现校企的深度合作。

目前国际化的趋势不可避免，国外人才大批量进入中国，但是对富有中国特色的物流现状并不了解，通过本实验教学示范中心可以为国外人员提供基础的技术培训服务，建立国际物流人才培养基地，完成国际人才的本土化培训任务，目前已经与日本流通学会、德国商会、美国运输与物流协会等达成了初步的合作意向。

实验教学示范中心将依托优质的资源，面向学生提供其创新研究、自主创业的平台，利用开放实验、大学生科学研究与创业项目等吸引学生进入实验室，进行物流技术的研究，形成面向学生的技术孵化和创业培养平台。

为了保持实验教学示范中心的技术先进性和前瞻性，将在自身研发的基础上，与产业界结合，建立联合的工程中心，进行物流新产品、新技术的示范应用，并将其与教学结合，使师生能够把握物流最新的前沿科技，借助中关村开放实验室这一平台，更广泛地开展新技术应用服务，形成物流新产品、新技术示范应用平台。

实验教学示范中心已经建成了国内首家以物流为特色的专业博物馆，博物馆结合学校特色，开展了“大运河文化展”“物流实践教学展”等特色项目，对物流文化传承发展起到了重要的作用，未来还将继续扩大其服务内容，开展相关研究，形成物流文化传承发展平台。

实验教学示范中心目前与物流发达的美国、德国、法国、日本、韩国等都建立了稳定的合作关系，包括与德国商会合作的“中德物流日”等活动，在业界的影响力日益加强，实验教学示范中心的国际化程度不断加深，日益成为重要的物流领域国际交流平台，还将在原有基础之上进一步强化这方面的工作，形成更具影响力的面向国际舞台的物流交流平台。

二、实验室建设保障措施分析

1. 整合优化实验室资源、完善物流类专业实验教学体系

根据教育部2012版的专业设置文件要求，原有的物流管理、物流工程以及采购专业等统一被划为物流工程与管理类专业，体现了对物流专业人才培养的重视。在新的形势下，对物流专业教学提出了新的要求，良好地分析和把握物流类专业特点，整合原有的实验室资源，形成卓有成效而又富有特色的物流实验教学体系成为急需解决的关键问题。在原有实验教学平台基础上，依托北京物资学院物流综合类优势特色学科和专业，加强政产学研用相结合，促进交叉融合和资源整合，系统构建适应专业大类要求的实验教学示范中心。

进一步优化体系结构，突出平台建设和模块化设计，在原有的“多专业 + 多课程 + 多层次 + 多要求”的内容体系基础上，形成满足跨专业需求、融合课程群建设、满足多层次要求、实现多元化能力培养需求的教学框架，构建包括物流综合学科基础实验平台、专业综合能力培养实验平台、创新能力培养实验平台、校外实践拓展实验平台在内的四层次实验教

学体系。

如图2－4－2所示，实现物流类专业人才厚基础、宽口径、重实践、强能力的高素质的复合型人才培养需求。其中物流综合学科基础实验平台立足于物流基础学科实验培养要求，专业综合能力培养实验平台侧重于专业能力培养，创新能力培养实验平台依托现有学科基础研究平台，培养学生的创新能力，校外实践拓展实验平台立足于校外实践基地，与企业共建校企合作实验室，完成理论知识的应用与实践，并鼓励学生进行进一步的创新，从而检验学生的学习效果，形成闭环的实践教学培养模式。

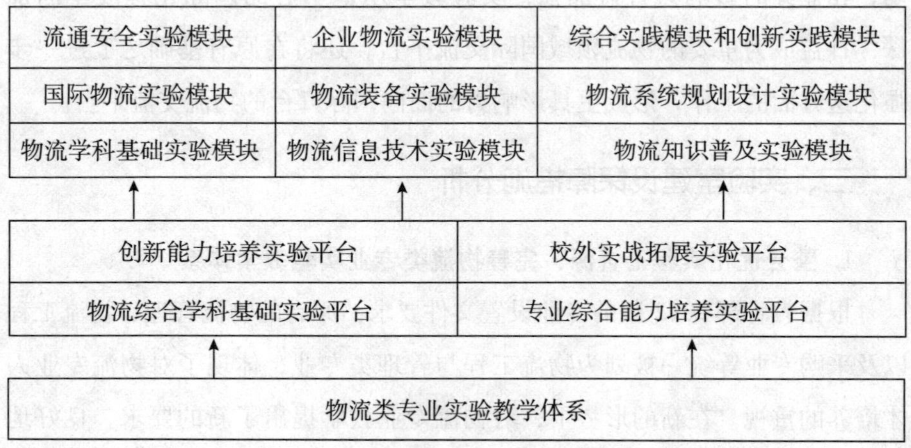

图2－4－2 基于4个平台、9个实验模块的实验教学体系

该体系服务于4个平台，将建设9个实验模块，强化综合性、创新性训练，突出专业综合实验、学科综合和工程创新实践模块的设计，使课程紧跟专业技术前沿，加强综合实践能力和科研能力的培养，既充分体现先进性，又可根据不同学科专业对物流类系列课程的不同要求实现灵活构架，达到高层次创新型工程人才培养的目的。从而使实验示范中心成为一个以服务物流类专业学生专业教学为基础，以经管类学生物流知识学习为辅助、以面向社会提供物流基础科普服务为特色的新型综合能力培养平台。

2. **完善实验教学内容，强化实践教学方法和手段改革**

以系统工程思想为指导，改变过去单一重视实验室投资的建设模式，强化实验教学内容开发，形成完善的实验教学内容，构建坚实的实验教学开展基础。未来将立足于对新物流类各专业课程内涵和功能的不断拓展和优化融合，形成侧重专业综合能力、实践创新性能力、实战经验培养为主的实验课程体系，强调通过实验教学技术、方法、手段、实验考核方法等的持续改革创新，推进学生自主学习、团队学习、实践研究性学习的积极性，使学生对课程内容的认识加深，实验技能显著提高，实现从“以教师为中心”到“以学生为中心”的转变，并把实践能力和创新意识的培养有机地融合于教学过程中。

实验教学内容将紧密结合课程实验—实验课程—综合训练项目的要求，实现学生能力培养的递进上升，并通过认知操作型实验、设计型实验、综合型实验的推进模式完成学生的能力培养，力争将实战研究性项目引入实验室，完善教学内容。为实现上述目的，需要加强项目驱动和校企合作，更好地将企业运作和科研项目引入实验教学中，对物流类专业侧重实操的特点尤为重要，将案例教学模式引入实验室，实现案例教学模式与项目的有效融合，提升学生的创新能力。在教学内容的建设中要结合实验教学的特征，针对物流类不同专业的特点制订实验教学模块化选课菜单，既体现专业特点又体现通用特色，实现专业的融合贯通。

3. **创新实验室应用模式，促进政产学研用紧密结合**

以实现政产学研用互动、共赢的实验教学示范中心为未来服务的拓展方向，改变单一的实验教学服务模式，形成以教学、科研、社会物流以及文化传承等为一体的综合枢纽。以目前实验中心下属的国内第一家“物流博物馆”为依托，汇集企业等外部资源共建实验室，并与企业合作推动实验教学用成果产业化转移与推广，为教师、学生提供科研创新支持，同时为企业培训人员构建融教学、展示、科研、社会服务为一体的多主体互动共赢平台。以这种模式为依托将转变实验教学中心建设单纯依靠学校投入的方法，广泛地吸引社会力量。以物流博物馆为依托，将企业物流技术和装备通过多种渠道引入教学系统，成为实验教学资源的有益补充，并合作开发设备用于实验教学。基于该平台还广泛开展了面向社会企业的服务工作，提供物流解决方案，目前实验教学中心已经被批转成为中关村开放实验室，实现了实验平台资源的进一步共享。在教学中心构建过程中，将注重以实验教学需要为导向，以产业应用为背景，研发了多种专用的实验用教学设备和技术，该类技术和设备应具有典型的先进性和前瞻性特点，且拥有独立的资助知识产权，并将上述技术成果进行推广应用，以获得良好的社会和经济效益。实验教学示范中心将进一步开展面向社会的服务工作，强化高校的社会服务职能，还将开展多种形式的教学输出，突出实验示范作用。

未来中国的高校会更加开放，实验室的作用也会更加显著，但是实验室首先需要做好转变，需要在新的起点上开展创造性的工作，跨越式地完成功能的扩展和提升，逐步成为联系教学、科研、社会服务以及文化传承等工作的枢纽，否则在企业实践等日益加强的情况下，实验室的作用会被不断地压缩，未来的发展空间会受到不断地挤压，因此挑战和机遇并存，只要做好自身的建设工作，未来物流实验室的建设会有更大的提升空间。

第五章　物流实验教学软件需求特征分析研究

物流实验教学软件已经成为物流教学过程中的重要组成部分，经过前一阶段的发展，物流实验教学软件市场已经得到了初步的培育，产品种类日益丰富，教学软件市场竞争也日益加强，但是随着教学环境的转变，一些新的特征需求不断产生，对整个物流实验教学软件产业起到了较大的影响作用。为了更好地促进该领域市场的健康发展，首先需要对新时期物流实验教学软件的需求特征进行分析，为软件研发提供必要的基础。

考虑到以应用为主的物流产业人才需求现状，物流实验教学软件的要求首先应是进一步的实战化，对于以应用型为主的高等院校，这种需求特征更加明显。例如教学过程中的流程类操作软件，包括仓储管理软件、货代管理软件等都需要有具体的实际企业作业背景，并需要提供实际的数据资源作为教学支撑。在目前高等院校组织的教学软件招标过程中也明确地提出了这种需求，以北京物资学院为例，要求提供的国际物流类教学软件有至少三家实际企业应用数据作为软件的教学应用支撑。为了更好地满足这种教学需要，物流实验教学软件提供商在产品研发过程中需要构建更加丰富的资源池，能够与企业的物流实际运作相结合。而这一趋势的进一步发展，也会为中远集团、中海物流等目前拥有企业级软件资源的供应商进入市场提供良好的机遇，由于企业拥有丰富的产品资源，因此可以利用价格和品牌优势直接进入市场，形成产业新的竞争者，甚至是主导者，未来以教育软件为主的市场可能会发生转变。在高等院校面临选择多样化的条件下，对整个行业的教学水平提升也会有更好的推动作用。

在实战型的软件基础上，具有前瞻性的物流实验教学软件也会形成新的热点。以云计算、大数据、物联网等为代表，智慧物流发展已经成为未来产业的重要发展趋势，而目前产业的实际应用还在探索之中，对于高等院校培养专业人才的定位来讲，需要具有较强的前瞻性，以保证人才的培养具有较强的适应性，为产业的发展提供必要的人力储备。

教学软件的开发需要同时注重适应目前科技的进步，体现新技术和新模式的应用。目前以移动互联为代表的应用趋势已经日益普遍，智能手机已经成为软件的使用载体，在这种条件下应该适应新的发展形式。目前很多教学软件开发企业已经使用包括苹果、三星等品牌的智能手机作为操作终端，并配置专用的 App 软件，具有良好的可视化界面，同时借助现代网络技术的发展，形成“瘦终端”的理念，借助公共服务网络降低运作成本。对于高职类以及中职类学生目前已经开发了基于平板电脑（例如苹果公司的 iPad）的实验教学体验系统，提供电子资料库和电子评价系统，也在一定程度上降低了教学管理和维护的难度。

教学管理软件的参与性和启发性需要提升。目前的学生已经以“90后”为主，他们在教学过程中已经不满足于单纯的演示型和应用型的软件操作，这些学生有自己的操作习惯和思维习惯，喜欢互动式教学环境，因此教学软件的开发需要尊重他们的习惯。在教学过程中借助软件开展的教学环节同时要注重体现学生的参与价值，在教学内容的安排上要有一定的启发性，使教师在教学过程中有发挥的余地，需要给学生提出适当的问题，这种条件下可以为教师将操作型的软件应用实验上升为研究型实验，提高教学质量和评价水平。

为了使物流教学软件有更多的使用机会，在尽可能多的条件下，教学软件要为学校满足多元化的教学服务需求提供支持。目前很多高等院校的物流专业在本校内并非是绝对的优势，因此在招商人数等方面都有一定的局限性，大部分院校的专业人数每届在 60～150 人。教学软件如果具有较好的可操作性则可以通过开设选修课程的方式向学校的相关专业开放，例如目前的配送中心模拟经营软件，以配送中心运营为背景设置了包括人员招聘等在内的16个环节，非常适合经管类专业人才教学使用。借助于这些软件的使用可以将专业实验室扩展为为全校服务的实验室，如有实验室建设可能扩展将实验室直接应用到社会培训之中，与政府或者企业的人力资源培训保持一致，扩展受益的人群。

目前物流实验教学软件的多样性日益明显。物流产业是现代服务业的重要组成部分，物流产业属于典型的基础性支撑产业，在产业结构日益交融发展的今天，物流产业的边际在不断地放大，产业的包容性不断地提升，所涵盖的内容也在不断地扩展。在这种背景条件下，物流专业教学软件种类也出现了典型的多样式发展趋势。在教学过程中除去传统的仓储管理系统、货代系统、ERP系统、规划仿真软件外，以决策支持、智能分析、系统优化等为代表的软件系统已经开始进入到教学过程，特别是在本科生的教学体系之中，这种趋势更加明显。

未来物流实验教学软件的发展将会不断出现新的变化，新的业态、新的模式以及新技术发展都会带来专业人才需求的转变，与之对应也会出现教学体系的同步优化，作为支撑因素的物流实验教学软件需要与时俱进，不断突破和创新，满足物流教学的发展需求。

第六章 物流实验教学示范中心构建研究

我国物流实践教学目前整体处于探索完善阶段，还没有形成系统的实验教学体系，包括教学理念、实验室建设、实验课程建设等在内的一系列相关的实验教学平台支撑要素都在不断的发展过程之中，这在一定程度上已经影响了物流专业教学的提高和发展。物流专业遇到的发展问题，在其他类似专业也有所反映，为了改变实验教学的这种状况，教育部“质量工程”中包含了实验教学示范中心的建设项目，希望能够在此方面进行深入的研究，为实验教学发展提供有益的参考。实验教学示范中心的建设是一个复杂的系统问题，需要进行全面系统的规划，同时结合具体的实际情况进行实施，要具有很强的针对性，从而能够解决物流专业教学发展过程中的实际问题，为物流人才的培养打下坚实的基础。本章研究从教学理念、教学改革思路、教学体系、教学内容、教学方法、教学手段、教学队伍建设、管理模式等多个方面入手，简要地分析物流实验教学示范中心建设中的一些核心问题。

一、物流实验教学示范中心教学理念和改革思路分析

物流实验教学示范中心的构建要有先进的教学理念作为支撑条件，教学理念是指导实验教学的基石，教学理念的创新和提高是实验教学水平提升的重要保证。目前我国的物流相关专业大多是结合原有各个高校相关优势、特色专业建立的，因此教学体系的构成呈现典型的多元化特征，但在继承发展原有学科特色的基础上还没有形成自身的物流专业特色，因为缺

乏相应的基础，实验教学理念就很难建立。

物流本身是强调理论应用的综合交叉型学科，因此在实验教学过程中应淡化课堂理论学习和实验教学之间的界限，将理论教学与实践教学有机结合；在实验教学过程中应适当的突出“创新型、实战型、国际化”的复合型人才培养，形成“注重基础培养、侧重综合应用、强化创新思维、提升实践能力”的实验教学氛围，教学基本环境的构建要与时俱进，建立起以教师为主导、学生为主体，以人为本的完善的教学平台。但是由于物流类专业人才培养定位、教学内容等重要问题长时间尚未规范，还需要不断探索，因此就更需要构建物流实验教学示范中心具有更加先进的教学理念，争做物流类专业教学改革的领跑者，形成物流专业教学的重要支撑点，成为提升物流专业教学质量的重要抓手。

二、物流实验教学示范中心教学体系的构建模式分析

目前很多物流实验教学将主要的研究重点集中在如何建立以能力培养为核心、分层次、模块化的实验教学体系，形成基础型实验、综合设计型实验、研究创新型实验等有机结合的实验教学体系架构，但是这种构建原则主要针对教学实验自身展开，是在实验教学内部进行研究探索，容易将实验教学简单地独立割裂开来。实验体系的构建必须强调与理论课堂的教学结合，但并不是单纯并行而立，而是螺旋式交融上升，应构建一个能够全面支撑专业教学的实验体系，成为教学计划中的有机整体，应以本专业的教学大纲为依托，以课程实验、实验课程、实验教学周、开放实验等为主要形式，形成一个与理论课堂全过程配套的实验教学体系，实现实验教学形式、层次、时间、人员的多元化、系列化，要良好地处理各个实验教学环节之间的纵向和横向关系，形成有梯度、由浅入深、由点及面的教学体系。要求构建的教学体系要体现时代性和时效性，与科研、工程技术和社会应用实践密切结合，注重引入新的教学内容，实现教学体系的动态变化、快速发展。

三、物流实验教学示范中心教学内容分析

实验教学内容是实验教学的重要载体，在教学内容上要体现“面宽点深”的基本思想，尽量保证大部分的教学内容都应有实验教学与之对应，实现广度上的覆盖，同时要保证对重点内容进行强化，实现对深度上的发掘。以“物流设施设备”类课程为例，首先应尽量以实物的形式为学生提供各种基本设施设备的认知，让学生了解其功能作用，同时也应安排针对某种特定应用条件的选型集成类的教学内容，让学生加深对知识的理解，实现广度和深度的双覆盖。在教学内容的编排上在国外经典方案的基础上，应立足我国的物流实际情况，力争将企业的实际运作引入实验教学，丰富教学内容，使实验教学能够与实际更加紧密地结合。

四、物流实验教学示范中心教学方法和教学手段分析

物流实验教学示范中心应重点研究新的教学方法和教学手段，形成以学生为中心、教师为主导的实验教学模式，探索有利于培养学生科学思维和创新意识提高的教学方式，提高学生的自主学习能力，同时建立多元化的实验考核方法，要加强学习过程控制，淡化结果管理的比重，形成面向整个学习周期的考核体系。

在物流实验教学示范中心的构建中可以借鉴哈佛大学的案例教学等新型的教学手段，积极引入“场景教学”“无领导探索式教学”“拓展训练式教学”等新的教学手段，将实验教学丰富化、立体化，摆脱仪器操作原理验证的传统模式，让实验室成为学生探索知识、应用知识、创造知识的舞台，不要单纯地强调实验验证、熟悉过程，应该让启发式、探索式的求知过程进入实验教学课堂。以自动化立体仓库的教学为例，不要只是单纯地讲解基本结构、应用流程，可以将实际运作引入其中，并将出入库能力计算、库位优化、流程调度等一系列的教学内容以实际应用操作的形式融入实验教学过程之中，让学生能够完成认知、熟悉、掌握、应用、优化的

求知全过程，使教学方法和教学手段更加充实。在考核上要针对不同类型的实验建立分层次的考核体系，特别是针对设计型和综合型实验，要将实验准备、实验方案设计、实验操作、实验效果、实验报告等多个环节都考虑到，重点考察学生的综合能力，使考核变得更加系统、完善、合理。

五、物流实验教学示范中心教学队伍建设模式分析

实验教学队伍建设是物流实验教学示范中心成功与否的先决条件，目前急需改变人员责任落实不到位，人员分工不清的现状。在队伍的构建上不应该单纯地强调参与人数、职称、学历等，而应立足需求，因为实验室的工作本身就是多层次、多元化的需求，在某种程度上让研究型学者负责本科的实验教学工作效果未必理想，针对目前的教学资源配置情况应该探索一条以专职人员为核心、兼职教师为主体的教学队伍建设模式，辅以相应的实验教学管理、激励、考核和培养制度。教学队伍的构建要能解决战略、战术以及操作不同层次上的诸多问题，要强调开放性的成员构成，只有这样才能保证教学队伍始终处于不断更新、发展、强化之中。对于实验人员的考核应重视非实验教学时间的付出，包括设备维护、实验教学内容更新、实验室建设规划等，尊重教师的投入并使之量化，保护教学人员的基本权利。

六、物流实验教学示范中心管理模式分析

物流实验教学示范中心管理制度是保障其运行的基础保障条件，目前大部分实验教学机构处于二级学院管理下，在资金、人员、场地等方面都存在一定的问题，很多处于兼职人员代管状态。如果条件允许，实验中心应尽量建立专属的管理机构，实现责任到人，要有专项资金维持运作，保证教学需求。

物流实验教学示范中心运行应重视对学生的实验管理，要强化信息平台的应用，探索相应的信息平台构建模式，提高信息化程度，加大开放力

度，形成开放式的实验环境。使实验室成为无障碍的教学平台，让学生真正地了解实验室、走进实验室、利用实验室，从实验室获得知识，不应让实验室成为学生学习生活中可有可无的教学组成部分，而应成为学生学习知识、应用知识、探索知识的第一选择，要加大开放实验的力度，而不应该拘泥于常规的实验教学安排。

七、物流实验教学示范中心硬件教学环境构建模式分析

目前实验室建设投入不断加大，这种膨胀式的外延发展还在继续，后续的建设投入还会不断加大，如何合理地进行规划设计，将资金资源转变为优质的教学资源需要深入研究。实验室建设要重视专用实验设备的开发，满足多方面的教学需要，特别是特色型的物流实验教学设备的研制开发，将是未来物流实验教学研究的重要内容。

实验室硬件规划建设方案现在层出不穷，但是目前基本都是选择典型的物流设备进行叠加，通用的实验室建设一般包括自动化立体仓库、电子标签拣选设备等，还都没有形成可以覆盖整个专业课程的硬件教学平台，学生对于设备的使用也相对简单，因此不利于实验教学工作的开展，必须根据教学的要求设计专属的教学设备，例如可以完成不同拣选方式对比的教学设备等。

八、物流实验教学示范中心教学特色分析

目前我国已经有超过300多个高等院校开设了物流管理专业或者物流工程专业，学校的办学特色和人才培养定位都不相同，因此可以根据自身的实际情况设置特色实验环节。教学特色的形成具有典型的多元化特点，可以包括教学内容、教学手段以及教学设施设备等多个方面，以教学内容为例，现有的物流系统仿真模拟实验教学中有的院校是立足生产企业，有的院校是以流通企业为背景，都具有较好的模拟效果，但是特色的形成需要长期的积淀，并不是人无我有就形成特色，而是在某一方面具有深层次

的研究积累而成，目前很多高等院校在依托学科发展创建研究型实验室，充分利用自身优势形成特色，在此方面做了很好的探索。

实验教学示范中心的构建涉及教学理念、教学内容、教学手段、教学方法、教学人员配置、附属设施设备建设等多个方面，需要进行系统的规划，也可以从其他专业中吸取借鉴先进的经验，不断地进行探索，从而得出适合物流专业特色的实验教学示范中心构建模式。

第七章 物流实验教学现状与对策分析

由于物流类专业教育起步较晚，因此目前物流实验教学存在一定的问题，在进行相关调研的基础上，本章针对物流实验教学存在的问题进行了分析，并提出了相应的改进策略。

一、实验教学体系尚不够系统

由于物流相关学科的建设周期比较短，加上物流多学科融合的特色，因此物流相关专业的教学还处于探索阶段，尚未真正系统完善，各个院校在物流相关学科的建设过程中大多是借助原有优势学科的基础条件，构建具有自身特色的物流专业教学体系。以物流管理专业为例，北京交通大学是以交通运输管理为特色，首都经济贸易大学则是以企业管理为特色；物流工程专业方面北京科技大学以机械工程为特色，北京物资学院偏重信息系统以及节点规划设计，清华大学则以工业工程为依托。在此种背景条件下，为专业培养目标服务的实验教学则更是反映了这一特征，实验室的建设模式也呈现多样化特征，以特色型实验教学为主，这种现状对于一个发展中的学科而言是正常的，在发展过程中需要不断地探求，但是一个学科走向成熟势必将形成自身的基本核心架构体系，以仓储、运输等为核心的物流产业在人才培养上也将形成面宽点深的基本格局。所谓面宽是指应覆盖基本的核心内容，要能够比较全面地覆盖本学科的基本要点；所谓点深是指在某一领域上精通，从而形成特色。物流实验教学也应按照此种思路进行建设完善，通用性与特色性兼而有之，形成对“宽基础、强特色物流人才”培养目标的有力支撑。

二、实验内容还有待改进

目前物流实验教学的教学内容还不够完善，主要体现在实验教学内容较为单一，过多地强调实践操作，教学内容的多样式和综合性没有得到充分的体现，不能满足学生的学习要求，不利于学生的能力培养。物流实验教学内容要有一定的综合性和难度，目前很多物流实验的教学停留在验证、认知阶段，对于学生的要求仅仅是简单地认识、参观，这样会损伤学生参与实验教学的积极性，要合理地组织实验内容，使之具有一定的深度，能够比较持久地满足学生的求知欲望。

三、实验实施设备的利用率不高

要解决认识上的问题，树立全过程的实验室建设理念，即实验室的建设在硬件规划、购置、安装、调试工作只是其初级阶段，课程建设等软支撑更为重要和紧迫，关键是要完成实施设备的实验资源转化和利用工作，要充分地发掘实验设备的潜力。对于自动化立体仓库可以将其运作的实际背景材料引入实验教学过程之中，从而使储位管理、路径优化、出入口布局等实际应用运作成为实验教学的内容，建立比较立体化的内容体系，使设备能够真实地反映实际运作情况，扩展实验内容，尽量做到一机多用，提高设备，特别是大型贵重设备的利用率。

四、实验全过程评价体系还不够完善

要积极开展面向实验全过程的评价，实验全过程应该包含实验前的准备、实验过程中的参与、实验后的总结以及实验报告的撰写。目前的物流实验往往是学生相对比较轻松的教学环节，学生新鲜感十足，但是在短时间内无法完全掌握全部实验内容，因此要加强实验教学之前部分的预习检查；实验后应尽可能组织学生进行实验总结，交流心得，开展无领导讨论等形式的活动，加深学生的学习印象，培养团队意识，同时可以让学生对实验环节进行评价，对实验的形式进行分析，从参与者的角度对照实验目的达到的效果进行评价，及时做好反馈，便于教师及时、准确地掌握课程的进展情况，能够很好地控制实验教学节奏，并对已有的教学计划、教学内容、教学手段以及实验报告形式等进行改进，在实验过程中不能单纯地强调教师的核心作用，要加强学生的参与感，要尊重学生掌握知识的客观规律，形成“以教师为主导，以学生为主体双轨式”相互促进的螺旋上升模式，促进实验教学质量的提升。对于实验教学的评价要从系统、全周期的角度入手进行，将教师、学生、课程有机结合起来。

五、实验教学手段不够丰富

目前物流实验教学过程中使用的教学手段还比较单一，对于软件类的课程主要是采用教师多媒体演示教学、学生实际动手练习操作的方法来掌握软件的使用方法；硬件的实验教学往往侧重设备的演示，学生的参与感不强，在教学过程中学生往往游离于教师的教学体系之外。为了改变这种现状，教师在丰富教学内容的同时要做好实验教学手段的更新和丰富工作，不能将学生定位成理想的知识接收和转换对象，应该通过多种手段增强学生的参与意识，强化学生的认知能力。

六、实验教学的管理方式不够科学

在实验室的建设初期，实验教学尚且处于摸索阶段，教师在实验室建设之前已经基本建立了本课程的教学体系，要充分地发挥实验室的作用就要做好以下三个方面的工作：“为什么上实验课”“上什么样的实验课”“怎样上好实验课”。“为什么上实验课”是指实验课程建设的动机，为了鼓励教师使用实验室应有一定的奖励或者强制措施，应该利用课酬系数增大或者教学改革立项完成实验课程的建设问题，以提高教师参与实验教学的热情。“上什么样的实验课”是指实验课程的内容选择，应立足于本专业的教学培养计划，处理好课程实验、独立实验课程的比例关系，各门课程之间的衔接关系，教学人员之间的协调关系，不要出现实验课程之间的冗余和重复，浪费宝贵的教学资源。“怎样上好实验课”则是对实验教学方法等方面的研究工作，学校要通过一定的政策性导向给予支持，使教师在相关领域的工作能够得到具体的回报体现，不能单纯地依靠教师的奉献精神。

七、实验教学与企业实习之间的关系

笔者个人认为在目前中国的教学体制下，本科教学的企业实习与高职教育的企业实习应该有所区别，开展长时间的企业实习教学并不完全适合目前情况。在此条件下，笔者个人认为应该倡导以“学校实验教学为主，工厂实习教学为辅”的教学理念，学校的实验教学应源于企业而又高于企业，力求与企业合作开发实验教学课程，在最短的时间将企业的实际运作内容浓缩，通过实景式教学等提高学习的效率；到企业实地学习也应与企业进行有效的沟通，有针对性地安排具体工作，以更好地提升学生的基本能力。

八、实验教学与课堂教学之间的关系

实验过程中要提高学生的注意力，因为实验过程一般是动态的培养学生对一定客体的指向和集中，同时也可以训练学生的记忆能力，使其快速完成对输入信息的编码、存储和提取工作，形成自己的知识体系。不要过分地强调学生的被动接受，要培养其想象力，特别是要着重对于创造性想象力的培养；实验教学的过程也是其思维能力的培养过程，思维是高级的复杂的认知过程，可以揭示事物之间的复杂关系及本质，对于实验现象的认识，同样是“学而不思则罔”，要学会理智地看待世界，更加理性地去认知，要有自己的思想，不满足现象的观察，要学好积极地思索和探求。在实验过程中，要利用动态的实验现象去刺激学生的求知欲望，产生对知识的需求感，要培养学生具有主动学习的动机，动机是在需求的基础上产生的，不能单纯凭借兴趣，因为兴趣仅仅是意识倾向，对于学科知识的深入理解需要探求事物的本源，需要持之以恒的努力，要有持久的求知需求来维持，同时在实验教学中要培养学生的自信心和自尊心，增加其自我认同感。

第八章　物流实验室联盟构建策略研究

物流实验室建设是物流工程技术发展的重要支撑条件，目前受到投资主体、人员编制、发展定位等主客观因素的局限，传统的单一实验室建设模式已经不能满足现代物流发展的需要。理念创造价值，物流实验室若想获得较快的发展，需要引入新的理念，提出新的模式，构建新型的运行平台，形成新的实验室运行机制，以实现物流实验室创造价值能力的提升。

一、物流实验室联盟构建的意义分析

物流实验室联盟是指以高等院校物流类实验室为核心，以其他相关类高等学校实验室为基础，以行业内企业、科研机构、行业协会、上级主管部门机构等为辅助，本着平等互利的原则结成的联合体，物流实验室联盟的组建可以强化资源整合的深度和广度，突出各自的特色资源优势，从而扩展实验室的能力，提升物流实验室的有效产出，使单一的高等院校服务模式向更高一级的多主体协作服务模式演变。

物流实验室联盟的产生是解决实验室教学、科研及社会服务功能需求强化与现有资源短缺错位问题的必由之路。现代物流发展要求服务提供方（包含实验室在内）必须扩展其物流功能，形成一体化物流服务解决方案，满足服务功能和区域的扩张需求，进而提供实验室同盟的组建背景。目前单一的高等院校依托自身资源建设物流实验室受到诸多限制，突出表现为资金投入不连续、教学科研人员数量及研究背景不足、实验基础条件改善提升与技术发展不持续、实验设备设施条件改善缓慢、运作成本过高等，单一院校物流实验室封闭运作模式下覆盖区域、研究范围的局限性不易实现突破，造成了物流实验室活力不足；由于物流学科覆盖性强、交叉应用领域广，使这种局限性体现得更为明显。

当前很多物流实验室资源由于隶属不同、所属区域不同、研究范围不同、相互之间缺乏交流合作，不能形成资源共享，以最小的投入实现最大的产出效益，因此构建物流实验室联盟具有较强的实用价值，依托联盟通过构建完善的交流与合作平台可以促进实验室研究人员之间的合作，突破实验室分布地域的界限，扩展现有实验室的研究范围，提升研究水平，实现聚合效应。

二、物流实验室联盟构建的组织形式分析

建立联盟的首要任务是明确组织架构形式，形成统一的协调机制，确保各项工作的顺利开展。

1. 实验室联盟的成员资质分析

目前国内的科研力量以高等院校和科研院所为主体，政府机关为导向、行业企业为依托，物流实验室联盟为了实现资源的最大共享，应尽量扩展联盟基础，在成员主体的选择上应站在更高远的角度上，扩大联盟的范畴，联盟主体具体应包括高等院校实验室、科研机构、行业企业、行业协会以及上级主管部门等。高等院校实验室是联盟的核心力量，特别是具有一定教学和科研基础的重点实验室，应成为联盟的领导者；科研机构具有较强的研发团队，在一定程度上可以作为实验室研究资源的有益补充，利用企业资源可以增强联盟的基础，补齐学校研究背景不足的短板，特别是行业中具有带头作用的企业，具有良好的示范作用，还可以为联盟提供良好的科研支持；行业协会的加入，可以为联盟提供更明确的方向性引导；政府部门则可以提供政策上的指导，并可能为实验室建设提供资金上的支持，还可以为联盟运作提供政策环境支持、法律法规保障。物流实验室联盟的各个成员均具备各自的核心竞争力，成员之间具有长期合作成为

伙伴关系的基础，在合理的机制下运行，以实现共同目标为驱动力，就会形成良好的合作体。

目前各个参与主体之间相互的横向和纵向联系都不深入，应建立新的机制，充分发挥各自优势，推动多主体结合和统一的协同合作，加大高校实验室科技成果转化力度，促进实验室科研优势转化为社会竞争优势。

2. **物流实验室的服务主体分析**

任何系统的输出都要有需求方，作为高等院校的实验室，学生、教师、学校、社会企业、行业协会以及政府机关等都可以成为其服务的对象，上述具有物流服务需求的主体虽然需求形式各异，但是对于实验室的服务要求的广度和深度都在不断提升，因此提供一体化、多样化的服务模式就显得尤为重要，这对实验室的功能提出了更多要求，也为联盟的产生提供了基础条件，形成了实验室发展价值链条的直接驱动力。

三、物流实验室联盟的运作模式分析

健全完善的体制是联盟健康发展的长久支撑和根本保障。目前联盟的组织形式以契约型为主，这种模式促进产学研在产业技术创新的层面建立具有较强约束力的合作关系。建立完善的运行机制，便于界定联盟中多个主体间的权利、责任以及义务。目前的联盟通常为共同研究而设定组建，目标是实现技术、实验设备、人工智力等资源的共享，形成动态的组织架构，进行联合攻关，从而突破管理模式、工程技术领域发展的瓶颈限制。联盟的组织架构要保证日常活动的稳定和连续性，需要依托一定的管理平台，建立稳定的信息集散中枢，为各个主体提供共享资源，这样就可极大地提高创新资源配置效率和降低创新的成本与风险。

联盟可以建立如下形式的合作机制，成立联盟委员会、秘书处、专家委员会，选取常务委员，由来自实验室的负责人代表担任，每年召开委员大会，常务委员根据需要可以不定期召开会议，研究阶段性工作，执行委员大会决议。秘书处负责具体的业务执行。联盟委员会具体形式如图 2－8－1 所示。

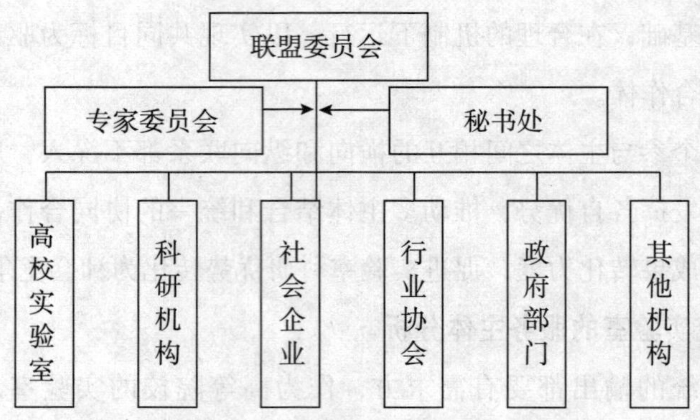

图 2－8－1　物流实验室联盟组织架构

上述组织具有很强的综合性，可以作为实施相关联盟任务的基础条件，以北京物资学院物流实验室联盟为例，邀请了哈尔滨工业大学、北京信息科技大学、北京化工大学、北京理工大学、北京自动化研究所、北京烟草配送中心、北京卷烟厂、中国物流与采购联合会、北京市商委等共同搭建了综合性的实验室联盟平台。

联盟的组织形式力求实现参与方的共赢性，组织形式注重松散性与灵活性的结合，突出强调合作成员间的互补性和兼容性。在联盟中主体之间很多的组成形式在一定程度上是虚拟的，特别是针对具体的研究项目，联盟成员可以划分为参与者与非参与者，参与者又可分为核心节点成员与非核心节点成员；参与者之间一般核心能力互补，任务产生前关系平等，由核心成员确定评价标准选择参与成员，共同组建针对任务的联盟合作体；一旦该机遇消失或任务完成，联盟成员又回归松散联盟关系的组织形态，具体的组织运作结构形式如图 2－8－2 所示。组织网络图中主体之间的关系利用虚线连接表示虚拟的组织结构形式，在驱动任务的作用下形成新的由个体构成的具体任务层，完成预定目标。

四、物流实验室联盟的业务类型分析

物流实验室联盟可以开展教学和科研两个方面的合作。

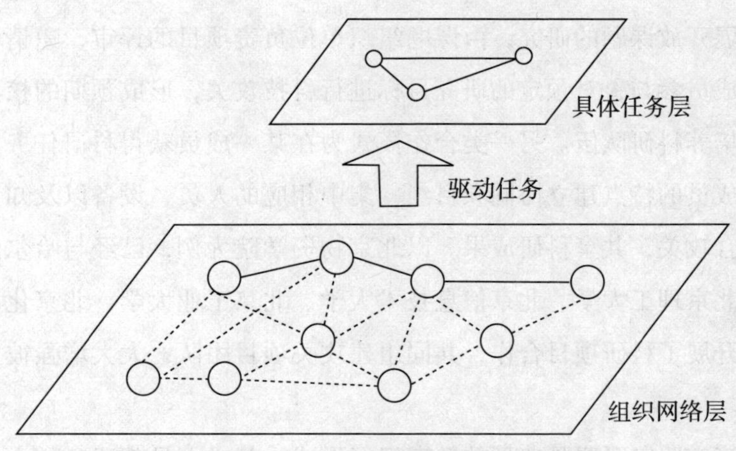

图 2－8－2　联盟运作结构形式

1. **教学方面的合作形式分析**

充分利用联盟的资源开展多种形式的教学项目，比如开展高等院校之间的访问学者项目，建立专家联盟网络，互相派驻科研人员，在相关研究领域为对方院校学生做讲座，开展实验和做学生导师，参与课程与教材研发等。

利用“企业家常驻项目”发挥企业家顾问委员会作用，对物流专业办学指导思想、人才培养定位、教育教学改革、学生能力培养及就业指导工作等方面提出建设性的意见。同时利用相应的实验室资源开展实验教学和项目实践活动，丰富实验教学内容。通过联盟的教学合作培养高素质的教师队伍、制订合理的教学实施计划、优化人才培养方案、增强专业综合实力。以北京物资学院组建的物流实验室联盟为例，已经与清华大学、北京科技大学、首都经济贸易大学、中央民族大学、北京交通干部管理学院等建立了实验室共用协议，上述学校的学生可以享受北京物资学院的实验室资源，共同开展实践教学合作，并在此基础上开发了相应的软件和硬件教学系统，丰富了实践教学资源。

2. **科研方面的合作形式分析**

联盟实验室在科研方面的合作主要包括两类，一类是依托某一核心实验室开展开放课题的研究，由课题组织单位负责项目的评审，邀请联盟中的相关成员参与，对预定的研究目标进行科技攻关，形成预期的核心研究能力，培养科研队伍。另一类合作模式为在某一成员获得科研任务后，根据联盟成员的特点建立协同项目组，集中相应的人员、设备以及知识储备进行联合攻关，共享科研成果。以北京物资学院为例，已经与哈尔滨工业大学、北京理工大学、北京信息技术大学、北京工业大学、北京化工大学等合作开展了科研项目合作，共同组建攻关项目团队，大大增强彼此的科研能力。

物流实验室联盟是典型的动态组织形式，其成立是基于参与主体间共同的能力互补、资源共享、降低风险、提高竞争力的目标，力求实现多方共赢。联盟的组建倡导新形式下的新合作模式，突出面向未来、共赢合作、协同发展的理念，争取在合作广度和深度上实现参与各方的优势互补，要合理设定合作规范，建立良好的沟通机制和基础平台，充分体现管理无边界的新思想，发挥各自的核心竞争力，实现物流实验室的可持续发展。

第九章　物流重点实验室可持续发展策略研究

实验室是高等院校开展教学、科研以及社会服务工作的重要基础部分，特别是对于省部级的重点实验室，更是兼具着重要的任务和使命，作为新兴领域的物流实验室也是如此，能够与时俱进，保持长期稳定的发展趋势，并成为促进物流技术领域发展的原动力和评价该类实验室的重要指标。本章结合我国物流行业的发展现状以及外部环境分析，以北京物资学院物流系统与技术重点实验室为背景，提出了物流重点实验室可持续发展的构建策略，以求为相关实验室的建设提供有益的参考。

一、物流实验室的运行机理分析

实验室同世界上的任何一个系统一样，也是一个典型的包括输入、输出、处理、激励等基本组成部分的复杂系统，各个组成部分相互作用，形成不同形式的实验室运行模式。

实验室构建的参与主体主要包括学生、教师、学校、学校上级管理机构、企业以及其他相关组织等，各个主体具体需求内容如表 2 –9 –1 所示。

表 2 –9 –1　　　　实验室构建参与主体需求内容

主体名称	需求内容	备注
学生	实践学习、科学研究	
教师	教学改革、教学内容、科学研究	

续 表

主体名称	需求内容	备注
学校	教学水平、学科建设	
学校上级管理机构	学校办学水平、科研能力、社会服务水平	
社会企业	人才培养、工程技术研究与应用	
其他组织	工程技术研究与应用成果	科研基金、学术委员会等

主体之间存在一定的需求嵌套关系，需要进行有效的整合，从而产生预期的输出，实现实验室的应有价值。实验室构建参与主体预期输出需求如表 2 –9 –2 所示。

表 2 –9 –2　　实验室构建参与主体预期输出需求

主体名称	预期输出内容
学生	知识、能力、素质
教师	教学、科研成果、工作量
学校	人才、科研以及教学成果、社会认可
学校上级管理机构	人才、科研以及教学成果、社会认可
社会企业	人才、工程技术研究与应用成果
其他组织	人才、工程技术研究与应用成果

实验室所作的处理工作是以实验的硬软件基础为支撑的，实现输入和输出之间的转化，基础条件主要包括实验室的人员、设施、设备以及技术等。

实验室的激励主要是促进实验室发展的外界因素，是实验室持续发展的动力推进力，包括投资、人才引进等都可以成为实验室的发展激励源。

综上所述，实验室的运行机理可以在一定程度上理解为实验室上述主体之间的相互作用关系，如果能够合理地处理这种关系就会形成多方共赢的运作模式，从而使实验室获得持续稳定的发展。

二、物流实验室的发展动力源分析

实验室的发展动力源分析主要是指对促进实验室发展的外部因素进行分析，动力源在实验室的不同发展时期变化比较大，特别是对于建设时间相对比较短的物流实验室这一点体现得更为明显。在实验室建设初期这种动力驱动往往比较单一，往往是满足学校的实践教学需要，重点是解决实验教学有无问题，随着实验室的进一步发展，这种外在的动力源就会消失，实验室也会停步不前，失去了可持续性的发展基础。

实验室的发展动力源按照投资的主体可以为学生、教师、学校、学校上级管理机构、社会企业、其他组织，各主体投入的形式如表2－9－3所示。

表2－9－3　　实验室主体投入内容

主体名称	投入内容	备　注
学生	知识、时间	包括开放实验室形式等
教师	知识、时间、资金	
学校	设施、设备、资金	可包括鼓励政策
学校上级管理机构	设施、设备、资金	可包括鼓励政策
社会企业	设施、设备、资金、人才	可包括鼓励政策
其他组织	设施、设备、资金	可包括鼓励政策

从投入的形式上看，主体包括设施、设备、资金、人才以及时间等多种形式，这些对实验室的发展都存在很大的促进作用，但是实验室发展过程中各个因素所起到的作用却各不相同。实验室的建设是以学生、教师的需求为基础条件，投资的主体应该是学校、学校上级管理机构、社会企业或者其他组织，其中学校以及上级管理机构是实验室建设在资金、场地等支撑条件方面的最大投入主体，在实验室的建设过程中教师将投入时间、知识等无形资产；在实验室使用过程中基本是由学校投入资金维护，教师以及学生等投入知识、时间等。以上过程是实验室建设最基本的形式，学

校以及上级管理机构对于学校整体而言是持续的，但是对于物流实验室这个学校的个体而言却是断续的，不能作为持续的动力源，教师的时间投入通过工作量转化可以成为稳定的维持动力源，学生的时间和知识投入也是如此，他们都无法为物流实验室的建设提供持久发展动力源，只能保持实验室稳定在一定的水平线上，在现代物流高速发展的背景下，实验室在时间维度上往往裹足不前，出现一定程度上的停滞，从而在与其他类型实验室之间纵向和横向的对比中落后。更何况在目前的很多物流实验室中即便是维持动力也很难满足，建成后的维护经费以及人力投入核算、实验课程开设等很多方面都尚未系统完善，无法建立物流实验室的良性发展机制。

三、物流实验室的可持续发展模式分析

物流实验室与时俱进的发展需要有持续不断的激励式动力源投入，因此要想建立具有可持续发展模式的物流实验室就要充分地利用各个投入主体，实现持续稳定的投入。如前所述，实验室的投入主体形式以及作用不同，应该进行协调考虑。

学生主体投入的形式主要是时间、知识等，学生主体目前往往被确定为弱势主体，认为其只能被认作为“坐享其成”，这种对学生参与能力的弱化，造成了学生在未来使用中也同样处于被动地位，而理应作为教学主体的学生发挥的作用远远不足，对现在很多以教学为主的实验室而言这种现状更加严重，因此首先在明确了学生的投入形式后就应采用相应的策略。对于实验室应以购置的软硬件为基础进行教学课程的开发，以有效提升实验室的利用率，特别是一些大型的设备。由于目前物流专业实验课程对其他专业的支撑力度比较小，因此除此之外还要扩展新的教学模式，目前比较通用的包括开放实验、科研项目开发以及兴趣小组实践等，其中开放实验是学生自由设定实验项目，在实验和场地等方面减少实验室的约束条件，难度不够；科研课题则是需要实验室设置专项的资金、人员等，在学生项目中进行筛选，重点对学生进行某一领域的研究资助；兴趣小组实

践则是学生对某一类型的设备或者软件应用等具有较强兴趣的条件下，由学生利用实验室的条件实践其想法，其相关的实践内容基本上是在设定的教学内容之外，是进一步的深入学习，以达到强化动手实践能力的目的。

教师主体投入形式为知识、时间、资金，其需求的内容形式主要为教学改革、教学内容、科学研究，输出形式主要是教学科研成果和工作量。教师对实验室的投入是实验室持续发展的主要动力，但是目前对教师投入的促进力度不足，以硬件的投入为例，实验室的建设是有一个完整周期的，包括前期的调研、规划、立项、招标采购、设备调试等，这些工作量都应得到尊重和合理的计量，也会对后续的实验课程开发提供良好的基础和外部环境，不然会极大地挫伤教师的积极性，否则教师就会自动寻求可被认可的方式，比如参加非实验室基础项目的科研，从事教材的编撰等，不会费时、费力、费心地参与实验室建设。目前被使用的实验室鼓励措施主要包括设立实验室的专属岗位，为教师在支撑评定以及行政职务晋升方面提供支持；大型实验室建设项目配套经费支持，为教师的实验室建设行为提供资金保证；教师评定职称的条件设定，将实验室建设列入考核范围，包括成为必选项或者加分项，使之与职称评定挂钩；教学改革项目支持，为教师提供教学改革的试验支撑条件；教师工作量的超额核算，在基础条件下对实验课程工作量进行提升，鼓励教师参与。教师的资金投入主要是教师横向课题对实验室建设所做出的贡献。

学校参与主体实验室建设的核心，学校是设施、设备、资金投入形式的重要组成部分，学校对物流实验室的建设投入主要包括软投入和硬投入，硬投入主要包括资金、设备以及设施，其中资金主要包括一次性建设投入资金和日常的维护资金，软投入主要是对实验室建设的倾斜性政策，如前所述的教师倾斜政策等。学校的一次性建设资金投入主要增强对物流类实验室的重视程度；对实验室的维护性投入主要是强调长久性和充足性；对于物流实验室的服务对象要做出适当的引导，特别是在选修课程等方面强调其他院系的参与，提升物流实验室的受益面；对于实验室的定位则是专业与学科融合式的定位，同时要适当强化社会服务功能，这样就会在实验室建设规划阶段树立更高的起点，否则将实验室定位为专业服务，在使用中却与学校的公用实验室进行同级评价，则有悖建设的规划目标。将物流实验室建设与学科建设融合，是物流实验室建设的未来发展之路，否则学校的教学投入不会持续，实验室的建设也会停滞不前。但是学科的建设任务往往比专业的建设更为长远，投入也更为持续，因此将物流实验室建设与学科建设融合是实验室发展的持续推进动力。同时学校要出台相应的专业实验室建设评估标准，防止“一刀切”的做法，以使专业实验室能够客观的被评价。

学校上级管理机构主体是投入的来源，对新兴的物流实验室要有一定的倾斜政策，否则新兴的专业是很难发展的，目前学校上级管理机构投入往往是“劫贫济富”政策，要增强一定的全局性；同时对物流实验室的评价要考虑物流领域的特征，不能将物流工程技术与一般学科领域的基础研究等同，要重视其应用学科的特征，在评价中要有一定的倾斜性政策。

社会企业主体的主要目的是人才培养、工程技术研究与应用，人才的培养是基于实验室的软硬件条件与企业配合，一方面将企业的实际引入实验室，开展实景式教学，另一方面是将企业的人员引入实验室进行二次培训，实现互动共赢的运作模式。对于实验室而言可以与企业进行更深层次的合作，企业利用实验室的资源对其技术改造以及新系统规划等提供有益的参照，以提升实验室的社会服务功能，目前很多企业都与实验室共同合作建设工程技术中心就是这种合作形式的具体体现。目前这种合作形式面临的问题主要是中国物流企业的科研重视程度不足、物流实验室自身服务能力不足以及双方的沟通渠道不畅等，急需加以解决。企业目前已经成为物流领域创新的需求源泉，可以为实验室提供比较持久的发展方向性动力，而且另外相对发展滞后的企业具有对新技术应用的持续需求，可以为实验室提供一定的可复制性持续需求，企业的需求在时间维度上具有很强的连续性，是实验室未来发展的核心动力源。

其他组织类别的主体主要是指一些科研项目的发布机构、行业协会等，他们往往掌握一定程度的资源，物流实验室要与之共同确定未来的发展方向，争取对方的支持，设定倾向性的项目支撑条目，这些都有利于实验室的工作开展，但这种发展模式必须建立在实验室具有稳定研究方向和较强的师资队伍基础之上。

四、物流系统与技术重点实验室建设策略分析

作为北京市重点实验室，物流系统与技术重点实验室隶属于北京物资学院，为了保证物流重点实验室的健康发展，实验室开展了大量的工作，核心是探索可持续发展之路，实现市教委、市科委、学校、教师、学生、社会企业以及其他组织的共同参与，保证该实验室的持续发展。该物流实验室在建设规划中明确了实践教学服务、工程技术研究以及社会服务三项职能，在建设规划中就按照这种理念打造了一个实景式的模块化物流中心运作实验室，搭建了较为系统的运作模拟仿真模拟平台，首先建立了可以多课程、多专业、多层次服务的综合性实践教学平台；实验室可以为全校的学生开设选修实验室，主要涉及比较基础的物流人之类实验室，扩大实验室的受益面，突破专业实验室受益范围瓶颈限制；建立面向物流管理、物流工程、机械设计制造及其自动化专业（物流设备工程方向）等专业的全周期实习方案，并开展了有针对性的为企业提供的员工培训计划；同时在教学过程中开展了校际之间的资源共享合作交流，实现教学资源的多次利用，在上述措施的推动下实验室全面提升为学生服务的能力。为了保证实验室工程技术水平的领先性，以实验室的现有设备和人员为基础，以相关学科建设为背景，对实验室人员进行重新组合，形成了以管理科学与工程、机械工程学科为基础，以物流新型交叉学科为特色的学科建设模式，设立了物流系统仿真优化、物流设备开发与应用、物流信息化以及流通安全检测四个主要研究方向，全面地与北京市重点学科建设、北京市科研基地建设等进行对接，实现了学科与实验室发展的良性互动。为了实现实验

室与企业的“零接触”，与昆明船舶物流公司、海尔哈工大机器人科技有限公司等进行合作进行企业工程的建设，大力地开展社会服务工作；在利用社会资源方面，进行了有益的探索，建立了以专家为主的学术委员会和企业级人士为主的顾问委员会，突出物流应用性的特点，扩展了实验室外部资源，在科学研究和实践应用中努力寻求二者的契合点；实验室设立了科研专项资金，设置科研项目专项研发资金，鼓励教师利用实验室资源进行相关的内容研究；与北京市大学生科研与创业计划联动，利用实验室提供良好的基础实验条件，鼓励学生进行初步的创新性研究，对于有一定工程基础和兴趣的学生还将其毕业论文选题与实验室结合，进行专项的工程技术研究。通过采用以上策略保证各个参与主体的参与热情度、深入度以及范围覆盖度，实现了实验室时间、空间的持续。

物流实验室的建设不是一蹴而就的，是一个在时间纬度上具有连续发展能力的综合性工程，在建设过程中要合理地匹配相应投入主体关系，建立一个多方共赢的构建模式，保证实验室不断获得发展的推进力，从而走上一条可持续发展之路。

第十章 依托学科建设促进物流实验室服务水平提升

目前高等院校的物流实验室基本以教学为主，投资的主体是学校或者上级主管机构，基本属于一次性投入，投资不能持续；同时物流实验室的使用对象相对比较窄，基本限定在物流类专业，无法形成较大的专业覆盖面，因此利用率较低，在投资主体和使用主体受限的情况下，物流实验室的发展受到了制约，也就失去了持续的发展动力，其服务水平自然也就受到了限制。为了保持物流实验室的发展动力，应该扩展物流实验室的功能，从传统的教学型逐步过渡到教学研究型，即在为专业教学服务的同时，依托学科建设促进物流实验室服务水平提升。

一、学科发展提供动力

学科是学术系统中的基本组织，是大学赖以生存和发展的核心。学科建设，可以理解为建设学科或发展学科。它是指学科主体根据社会发展的需要和学科发展的规律，结合自身实际，采取各种措施和手段促进学科发展和学科水平提高的一种社会实践活动，一般认为，主要包括科学研究、教学、学术梯队建设、实验室建设、图书资料建设、组织文化、学术交流、社会服务等。

学科的发展与专业教学服务并不矛盾，而且其发展变化的速度往往快于专业教学发展，在某种程度上还引领着专业教学发展，丰富专业教学的内容，提升专业水平的知识水平。学科的发展投资的主体相对更为广泛，企业、行业协会、资金机构以及政府机关等都可以提供持续不断的资助，可以扩展实验室的外在发展动力来源。学科的发展可以提升实验室的核心竞争力，保持实验室在该领域的领先优势，并以此为基础带动专业的发展。

二、学科发展打造高水平科研队伍

学科发展的核心是师资力量的培育，特别是具有较高学术造诣的学科带头人，学科的发展可以提供人才研究提升的平台。教师在工作岗位上需要有知识提升的机遇，不断更新原有的知识体系，学科的发展不断地对教师提出新的能力要求，为教师的进步提供了良好的外部动力和研究环境，任务激励条件促进教师在本学科领域进行研究，吸收本领域内最先进的专业知识，提升其综合能力，从而形成良好的学术氛围。教师队伍的提升反过来可以促进实验室研究水平的提升，为实验室凝练特色方向提供良好的人力资源支撑条件。

三、实验室建设成为支撑条件

实验室的构建首先解决的问题是理念，建设成为什么类型的实验室直接决定着实验室的未来功能。目前大多数院校的物流实验室构建是以满足实践教学为目的的，教师的工作主要是设施设备的熟悉和实验课程的开发，教师的收获是实践教学内容和教学手段的丰富，缺乏持久的投入动力。如果依托学科建设构建实验室则可以站在更高的角度，从学生、教师以及科学发展等多个方面综合考虑。教师对实验室的利用是教学与科研双重属性，学生的受益面也会放大成为本科生和研究生，利用的形式也会从理论验证扩展到科学研究，成果的形式也会从实践教学课程扩展为科研成果，在获得学科进步成果之后，会将学科产生的新知识反哺教学，扩展教学内容和教学手段，实现学科和专业的良性互动。

四、延续优势学科与开创交叉优势学科并行

物流类学科的发展是以管理科学与工程、机械工程、信息工程、控制工程、交通运输工程、工商管理、宏观经济学、微观经济学等成熟学科为基础，一些高校发展物流学科也是基本依托原有的优势学科资源构建，物流实验室的建设要立足这种优势，而不是简单地割裂、盲目的扩展研究范围，而应进一步凝练优势方向，培养实验室的核心竞争力。

物流类学科目前尚无定论，学科的建设有待系统完善，物流学科的研究初始阶段集中在其他学科的基础之上，因此应以物流实验室为基础，鼓励学术自由，开创交叉优势学科方向，站在巨人的肩膀之上，解决新的科学技术问题，进而总结归纳成为新的研究，形成更具特色的研究方法，实现实践—理论—实践的良性循环，在这种多次循环之下，物流学科体系会不断完善。

以北京物资学院物流系统与技术实验室为例，其学科发展就定位为延续优势学科与开创交叉优势学科并行模式，物流实验室学科建设依托原有的管理科学与工程、机械工程等优势学科的基础上，积极促进交叉学科的发展，形成了管理科学与工程、机械工程以及交叉学科为基础的学科群，在明确学科基础的前提下进一步凝练研究方向，集聚研究人才，形成优势学科。

五、学科建设型物流实验室的组织和运行模式

学科建设型物流实验室的组织相对于教学型实验室有较大的不同，教学型实验室往往依附在某一专业之下，处于某个教师的管理之下，由实验员负责具体运行，由院系一级的教学主管领导兼任负责人，没有实践教学任务的教师并没有使用实验室的驱动力，为了完成物流实验室的学科型的转变，应改变目前的实验室组织和运行模式。首先应该树立实验室全生命周期的概念，实验室的整个生命周期包括立项、审批、招标、调试、使

用、维护、升级以及设备报废等诸多环节，教学型的定位是不可能直接用于学科建设的，应该在立项过程中充分了解教师的科研需求，并进行进一步的归纳整理，形成综合服务型的设计方案，以自动化立体仓库为例，购置简单的模型类缩微设备是目前通用的做法，如果能对运行特征参数设置、货架选型以及管理信息系统开发等方面多加关注，构成可以满足二次开发环境的实践平台就会为教师的物流系统集成与仿真、物流信息工程等方面的研究提供辅助支持，并可以为企业提供仿真验证平台，满足教师、研究生、本科生以及企业人员不同的使用需求，实现实验设备的多重应用。

学科研究型物流实验室的运作机制也需要改变目前教学型实验室的运作模式，应该是以人为主，多人参与，首先以人为主是明确实验室的具体负责人，可以由原有的实验员负责，也可以是实验室的主要使用人，多人参与强调实验室的开放性，避免形成一人建设、一人使用、一人负责的单一管理运作局面，扩大其他人员的使用权利，并强调实验室信息的公开。学科型的实验室要处理好鼓励教师使用与维护资金上升之间的矛盾，权力、责任应该依靠条例等进行明确，首先应有专项的资金保证实验室教学运行，对于学科研究工作应建立适当的收费机制，这种形式首先保证实验资源不会被单一人员无休止地占用，还可以对实验室维护人员的劳动进行补偿，并提供更好的设备维护条件，可以进行实验室设备的进一步升级，形成购置、使用、维护以及升级的良性循环，防止实验设备的损耗。为了指导此类物流实验室的建设，还应设立教学委员会和学术委员会，从不同的侧面对实验室相关的教学和学术活动进行一定的指导和监督。

基于实验室设备进行的实践教学内容更新要大力支持，建立采用专项教学改革的办法进行资助，实现教学资源与科研成果的良性转换，尊重教师的治理投入。对于研究生教育更要重视实验室的长效使用，在购置设备过程中要有适当的前瞻性，以便于研究生使用，购置的设备最好具有典型的模块化特点，方便进行升级换代，以保持实验室的技术领先性。

依托学科建设进行实验室建设可以摆脱目前实验室受到投资主体、使用对象、使用形式、使用内容等方面的限制而服务能力提升缓慢的问题，丰富实验室的内涵，扩大实验室的受益面，提升实验室资源的使用利用率，提升实验室的综合服务能力，促进物流实验室的健康可持续发展。

第十一章　与实验室融合的可视化案例教学模式分析

针对本科应用型人才的培养，加强实践教学力度已经成为共识，实验室作为连接学校与企业之间的桥梁作用日益显现。目前，如何提高实验室教学质量的问题已经成为提高应用型人才的重要问题，这在对实操能力要求较强的物流产业类专业领域尤为重要。

经过多年的努力建设，目前我国高等院校在物流专业实验室建设方面已经初步探索出了一套建设思路，形成了软件与硬件融合的建设模式，取得了一定的实效。但是也存在一定的问题：从学生参与程度上来看，硬件实验平台的建设遇到了实验教学手段单一、学生教学参与度低等问题，需要对其进行提升改善；从教学方法上来看，物流实验教学中使用的一些设备，特别是一些大型专业设备对教学过程的支撑存在一定的局限性，特别是对同步使用操作有学生人数限制的设备，作业类型相对比较单一；从设备本身来看，目前很多学校购置设备多为仿真型设备，设备操作体验效果不强、真实感有待提升，从而使得学生的参与度得不到保证，影响了实际的实验教学效果。

为解决上述问题，应该在实验教学模式上进行拓展，不应该将实验室孤立地认为只是动手操作的场所，而应以实验室为基础，融合多种资源的特色，形成多元化的教学资源平台。例如可以将案例教学引入以物流设备硬件应用为基础的实验教学过程之中，实现教学方法的扩展和教学内容的丰富，便于教师开展多种形式的教学活动。

一、可视化案例编写方式分析

案例教学由来已久，是一种开放式、互动式的新型教学模式。通常案例教学要经过事先周密的策划和准备，要使用特定的案例并指导学生提前阅读，要组织学生开展讨论，形成反复的互动与交流；案例教学一般要结合一定理论，通过各种信息、知识、经验、观点的碰撞来达到讲解理论和启迪思维的目的。在案例教学中，所使用的案例可以是为了达成明确教学目的基于一定的事实编写的故事，也可以是来源于企业实际的视频，还可以是结合学生实践教学而拍摄的视频等，这些案例贯穿于整个教学过程的讨论和分析环节，提高了学生分析问题和解决问题的能力。

现有的案例大多是文字表述，体现形式比较单一，导致学生的理解、讨论不易展开，这种现象在实验室环境中开展教学时很常见。因此，建议采用可视化的手段进行案例呈现，即引入视频作为案例中部分教学内容的表现形式，与实验室的“实景式”教学环境相匹配，形成学生易于接受的教学内容。例如在描述物流企业基本作业流程过程时就可以直接采用视频播放的方式，对于重点环节还可以采用实时点播模式，利用外部的社会资源与企业实现实时互动，进行双师型同步教学，并可以将企业进行的适当的实际操作与模拟效果对比，使得教学内容便于学生掌握。

二、教学环节设计方法分析

在课堂中开展案例教育较为成熟，在实验室进行实践教学的同时引入案例教学思想应合理地设置教学环节，形成各种教学资源的优化配置。现有的引入方式大多是作为实践教学后期的实际应用载体引入，形成“理论教学—实验实践—应用案例”三位一体的知识应用形式。以自动化立体仓库应用实验为例，通过学生参与包括电子商务类企业快消品的自动化存储系统综合设计，然后进行相关知识的应用升级，使得学生能够形成完整的知识认知链条。

随着学生学习习惯的改变，上述这种案例的引入方式已经不能给予学生较好的学习体验。能否合理地以实验室硬件资源为核心，融合多种教学资源，引入多媒体等媒介来形成较为全面的教学体系，全面地突破学校所受的场地、资金、业务类型等方面的约束是改变这种形式的关键。仍以自动化立体仓库为例，以往的教学过程主要是介绍功能或者简单的操作，而现在的自动化立体仓库教学则结合了来自企业、学生实践等诸多视频资源，在整个自动化立体仓库授课环节，教师在引导学生结合实验室的自动化立体仓库开展教学的过程中插入企业的实际应用视频，并在此基础上展开拓展应用。结合目前物流管理专业的教学需求，可以进行多种教学方法并行的、以“微视频”的形式构建可视化案例，建立面向教学过程的多媒体资源库，并在整个教学过程中进行引入。

例如在自动化立体仓库应用实验教学中可以融合的教学资料包括反映企业实际情况的视频资料、文字资料等。为了提高教学效果，目前的视频资源还需要进行进一步的加工，形成微视频形式的片段，按照教学过程进行优化组合。例如在自动化立体仓库类型的教学过程中，可以借助多媒体方式进行分析，帮助学生全面了解多种形式的自动化立体仓库，例如单立柱与双立柱、单货叉与多货叉、夹抱式与托举式等。以现有的硬件为基础，对比视频进行实际操作演示说明，形成了与学生认知过程和学习习惯高度重合的学习系统。在这种教学模式下，需要广泛收集、分析、处理、优化视频资料，形成辅助硬件系统操作应用的综合型资源。

三、教学模式的构建措施分析

构建此种教学模式最重要的是硬件基础条件的建设，在现有的物流设备基础之上，配置相关的视频播放、存储、采集以及交互设备，实现视频资源对教学过程的全支撑。为了更加广泛地扩展实验室资源，需要树立新的实验室建设理念，可以采用“学校＋社会”的融合模式，利用现代技术实现双向资源融合。例如采用双师型教学模式，进行企业应用的解答，同时通过“实况直播”的模式，进行现实案例的采集。教师也可以按照教学的要求进行企业实际情况案例的采集，并集中进行播放。

为了充分利用好收集到的媒体资源，应积极地扩展该平台的适用范围。例如依托这些资源形成学生的自学资源库，辅助学生完成自助式的教学，特别是在面向非物流专业学生教学方面可以作为一个普及物流知识的平台。例如依托自动化立体仓库完成包括商品入库、出库、盘点等一系列的作业，可以通过连贯性的教学内容展现，降低普及型课程中教师的授课强度。对于这种自助式的学习，还可以通过现场录像的方式保留学生的学习痕迹，基于大数据进行分析，对视频资料的播放时间和顺序等进行优化，形成与学生学习习惯和认知能力相符合的学习系统。

面对社会对物流人才需求有更高要求的大环境，学校需要不断改变教学理念，创新教学方法，不断地进行探索，才能形成科学合理的教学模式，更好地适应物流专业人才培养目标。

第十二章　物流教育软件行业竞争状况分析

经过一个阶段的发展，物流教育软件市场已经具备了一定的规模，产业形成了以几家核心企业为主，一些中小型企业参与的竞争格局；从产业的整体发展情况来看，未来将会出现集中度进一步增强的情况；但是也应注意国外相关企业也开始以代理的形式进军国内市场，并在局部领域具备了较强的优势，对产业的发展走势会产生较大的影响。

一、产业发展已经初具规模，未来产业挑战与机遇并存

近年来物流类专业的开办院校数量在快速增加，本科院校、高职院校以及中职院校开办物流专业的总数超过2000所，同时各类院校对专业实验实践教学的重视程度不断提高，软件产品的数量和内容两个方面的需求进一步增加，政府等各级投入不断增加，为物流软件教学市场的发展形成了良好的外部环境。某省份由当地政府主导的公共物流实验平台的投资预算单次投入就计划达到5000万元；部分院校的实验室建设规模也一再增加，以北京物资学院为例，学校相关设备资产总额超过6000多万元。据不完全统计，整个物流类软件教学产业单个年度的采购额超过3亿元。伴随着国务院印发《物流业发展中长期规划（2014—2020年）》，物流产业的发展将会迎来新的历史时期，物流专业人才的培养也会迎来新的机遇，为整个物流教育软件产业的发展提供了良好的外部政策环境，产业的规模也会进一步增强。

二、产业聚集度进一步增强，核心企业作用明显

由于软件产品的开发前期需要有较大的投入，同时项目周期长，定制化程度高，一些大型的软件开发商并没有完全介入该类专业市场，为一批中小型企业的成长提供了良好的外部机遇，包括北京络捷斯特科技发展有限公司等都实现了高度增长。据不完全统计，目前高等院校中使用的物流教学软件资源，主要是由销量排名前十名的公司提供的。目前包括北京络捷斯特科技发展有限公司、深圳市中诺思资讯科技有限公司等在内的行业领军企业都在进行新一轮的发展战略布局，在共同努力扩大市场总体规模的同时，积极提升自身所占份额。

三、产业领域中企业间产品的重合度较高，同质竞争激烈

从目前供应商提供的产品来看，企业之间的产品重合度非常高，产品的差异化较小。以深圳市中诺思资讯科技有限公司的产品线为例，其提供的物流教育系列软件产品，特别是“NOS M5 综合物流系列”（包括中诺思仓储管理软件、中诺思仓储设备中间件、中诺思运输管理软件、中诺思快递管理软件、中诺思供应链管理软件）和“NOS I5 国际物流系列”（包括中诺思国际物流教学软件、中诺思集装箱码头管理软件、中诺思国际货代管理软件等）等在内的产品和其他供应商差别不大；这种情况下导致企业之间的竞争加剧，价格战成为企业间竞争的撒手锏战术，从而造成企业的利润率下降，对整个产业造成了较大的损伤。如果低价竞争策略仍然要不断地持续一段时间，将会更大地伤害产业的整体发展，不利于企业的可持续健康成长。

四、新产品研发整体速度较慢，企业创新能力较弱

由于企业整体技术能力有限，对于快速发展的物流产业而言，教学软件的研发整体较为滞后，突出表现为产品与目前企业所使用的前沿技术之

间有较长的滞后期。在这种背景条件下，一些企业推出新产品的动力在增加，并且如果能够很好地把握市场发展方向，就可以形成专业化的、差异化的竞争局面。例如北京金文天地信息咨询有限公司就主要集中在冷链物流教学领域，也相应地开发了物流教学软件，具备了较好的比较竞争优势，形成了自身的竞争优势。未来如果在云计算、大数据、物联网领域取得较大的技术进步，那么相对滞后的物流教学产品市场就会出现导致培养人才专业知识过时的问题。因此相关企业应该更加重视相关的产品研发，形成技术比较优势，特别是对于一些前瞻性的领域，应该更加重视。北京络捷斯特科技发展有限公司也在积极地创新模式，推出了长风网，并积极在大数据等方面进行产品研制，试图通过产品创新形成企业竞争优势。

五、国外企业大量进入，国产软件企业面临新的挑战

国外的物流专业教育领域还没有很好地和国内对接，因此目前国外该领域使用的软件进入中国还需要一定的过程，但是国际化引入的这种趋势越来越明显，特别是一些国外的软件开发公司，积极通过多种形式进入国内市场。例如北京格瑞纳电子产品有限公司是一家立足于专业科学技术领域产品代理的高科技公司，为国家通过认证的软件企业和职业教育和高等教育领域的各类学校提供仿真教学软件。该公司代理产品来自国际上知名的科学与工程分析软件，涉及领域广泛，包括系统仿真、运筹、物流与供应链、网络优化与调度、微观交通、经济管理、精益制造与生产、机场航空、风险应急、人因工程、商业智能、决策分析环境资源等。目前国内高校面临着国际化压力，对国外的资源需要进一步整合，将会更多地涉及上述产品，而国内的软件提供商由于技术创新和积累不足，还无法开发出相关的产品，因此只能采用代理销售的模式与之合作，国外的软件提供商就可以享受较长时间的产品研发红利。

目前国内的相关市场还需要进一步规范，企业也在不断地成长，并且在不断地创新模式，很多企业已经开展延长自身的服务链条，提供包括培

训咨询和个性化增值服务，试图在竞争中占据优势。但是很多企业还是采取开发支持类似技能大赛模式的软件，通过与学校争取排名的诉求挂钩，继续在比赛类型的经济型产品上进行深耕，使得学校不能集中更多的精力进行进一步的技术创新。从目前的发展情况看，只有在政府、企业和学校等多主体都积极参与的情况下才能形成产业竞争性发展的良性格局，为我国的物流类专业人才培养提供更多的物质保障。

第三篇

校企合作研究篇

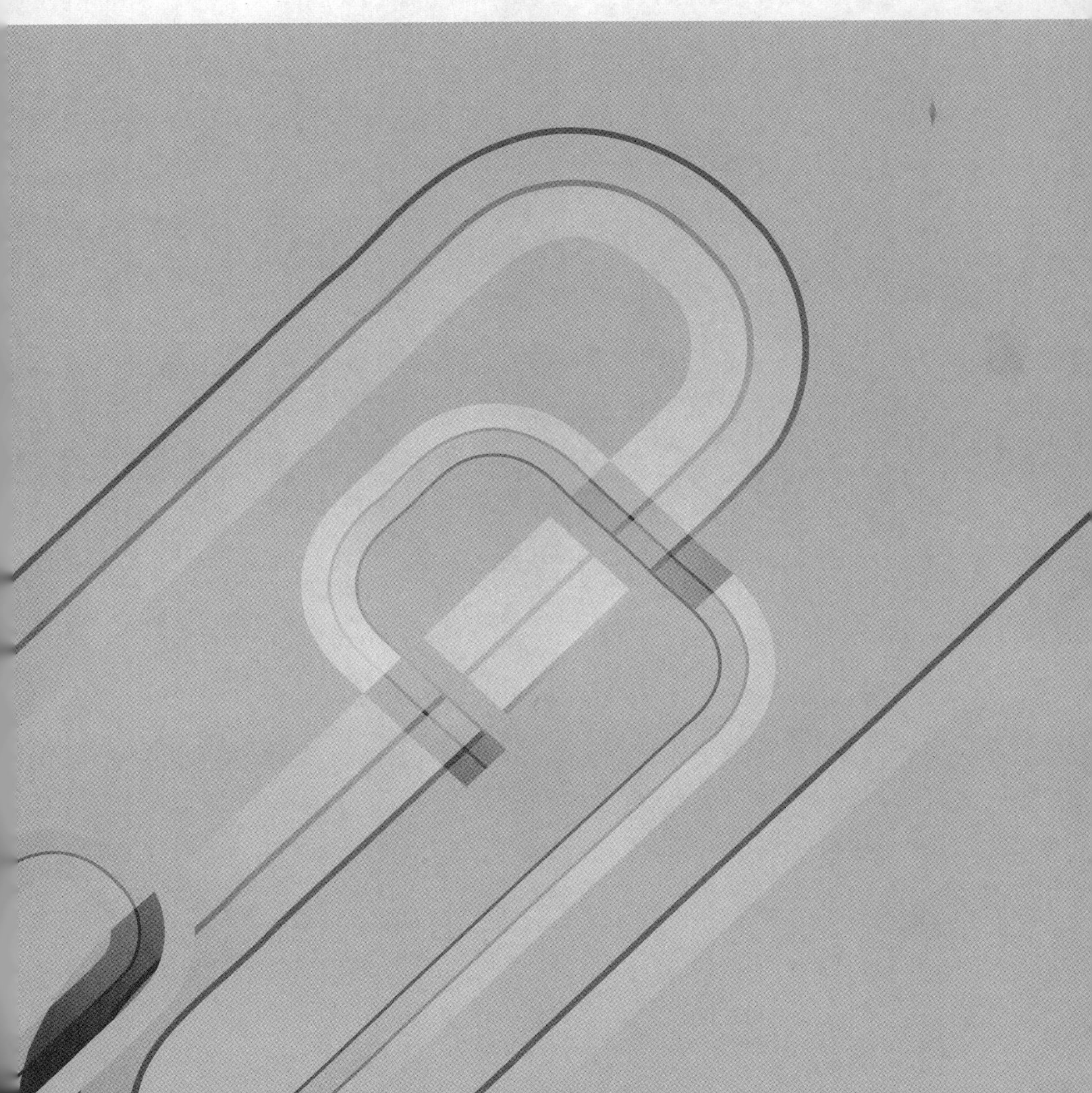

第一章 构建利益共同体，推动校企合作

校企合作可以有效地促进学校教学质量提高，同时能够优化社会资源配置，通过校企合作产生增量，能够很好地解决校企之间的合作利益冲突，已经成为业界共识。

在校企合作过程中，双方已经进行了多种形式的探索，学校内部建设企业，企业内部设立学院，在某种程度上，学校和企业之间的界限在不断模糊，双方之间的资源也会不断融合，学校以及企业的角色也会不断地发生转变，并变得更加多样。

在校企合作过程中阻碍比较大的是学校如何与企业进行合理的定位、谋求新的利益共享模式，为了更好地解决这一问题，需要对学生以及教师的成长规律和企业的诉求相结合，寻求共赢点。

一、学生、教师与企业的合作模式动态变化

从学生的培养过程来看，在初始阶段，学生的专业认知能力较差，处于职业能力的培养初期，所能从事的工作相对简单，对企业的要求也不高，往往满足于一般的企业参观或者非专业类的企业实习，企业处于主动选择地位，学校也往往处于被动阶段；但在经过一段时间的专业培养之后，学生的专业认知在强化，同时有可能面临未来的择业压力，这种条件下学生对从事的专业岗位选择变得更加明确，对薪资、职业未来发展等方面也有更多的诉求。从这个角度分析，一些只能提供基础专业岗位的企业、待遇较低的企业将不会进入学生的选择范围，这是典型的市场规律所

致，这类校企合作应尽量地集中在低年级阶段完成学生实习等方面的合作，企业的回报也主要体现在提升自身的吸引力，有可能在未来获得学校的人力支持，并解决短期的人力资源缺口问题。对于在薪资、职业长远发展等方面具有优势的企业则具有相对较大的人力资源选择权利，也就相应地更加主动，学校需要和企业签订长期的战略合作，并希望引入企业的人力资源作为学校的有益补充。这种企业往往处于合作中的强势地位，对学校的高端智力资源有一定的兴趣，同时需要具有一定的社会责任心去接收学生实习，并为此建立科学的人才培养体系。

同样对于教师而言，与企业的合作关系也明显呈现动态变化的特征，在教师成长的初级阶段，其实践经验较少，对于与企业接触具有较强的欲望，了解企业实际情况成为教师理论联系实际、开展教学和科研活动的重要手段；该阶段教师对企业的挑选具有一定的盲目性，企业处于相对主动的地位。随着教师对本领域了解的日渐加深，简单的企业调研已经不能满足教师的需要，与企业开展项目合作、作为企业特聘专家进行企业诊断已经成为教师的正常诉求；在该阶段，运作方式简单的企业，如果在业务方面没有优化、拓展的诉求并不能满足教师的需要，和教师的合作也将没有抓手；相反，企业如果具有一定的科研需求，对高端智力资源具有较高期望，则将成为教师选择的主要对象。

这种动态变化也体现在大学生创业中，学生的成长同样需要周期，在校期间创业会享受较大的优惠，是学校重点扶植的对象，经过孵化后，学生创业企业有了较大的发展，就不可能再长时间免费享受学校资源，需要以新的企业形式介入学校合作，并会获得一定的优先权；同时在尽可能的情况下会反哺学校，例如通过校友基金捐款等形式，从而形成学校资源投入的良性收益循环。

二、科学定位，校企合作共赢

从上述的分析来看，对于一个学校和企业而言，应该正确地分析自身的定位，为教师、学生的发展提供有效性的阶段性成长环境；在正确理解教师、学生成长路径的基础上，建立以多样化的企业群为基础的校外资源池，并对教师、学生进行分层次的定位，与不同的企业开展不同类型的服务，形成共同利益体，以便更好地开展校企合作工作。

从目前的情况来看，学校的主要资源集中在智力、物力和人力等方面，而企业重点资源主要集中在资金、物力和人力资源需求等方面，但是多个主体的诉求不同，在时间、内容等维度上存在明显的阶段式变化。双方合作初始阶段主要集中在人力资源的交互方面，在内容上并没有深层次的拓展，以单纯地建立校外实习基地、聘任企业家导师等为主。在该类合作的基础上，智力资源的深入交流将成为主流，教师和学生发挥智力优势，与企业的业务进行融合，为企业诊断，解决企业实际问题；该类合作以教师承担企业科研课题为主。但是该类合作以项目为牵引。未来大众创新、万众创业的条件下，学校在严格遵照国家规定的基础上，会更加积极地介入市场、影响市场，在局部领域甚至会引领市场，教师、学生会更多地以新的身份从事科研和社会服务，以知识产权多元化使用为先导的智力介入，将会与社会金融资本融合，形成教师、学生参与的智力、资金、人力、市场结合的局面，学校将会成为新的平台，以智力资源输出等形式更加深层次地参与企业活动，并形成学校、教师、学生多层次参与的局面。未来在政府圈定的范围内，知识成果、智力资源、人力资源将会在校园和企业之间更加自由地流动，在社会资本的参与下，将会呈现校企利益共享的局面。学校会更多地扶植学生企业创业，形成新的企业资源库。

在校企产权清晰梳理的前提下，学校和企业的合作将会更多地体现教师和学生的介入，其中智力、资本将充当更加重要的角色，学校和企业之间的合作将会形成新的常态，在打造利益共同体的目标下，校企之间将会有更多的合作机遇，形成新的发展推动力。

第二章 基于校园交付模式的实践教学体系设计

目前高等院校培养专业型人才，特别是应用型人才越来越受到挑战，社会、学校、企业、学生、教师等教学活动主体均提出了自身的需求，但在某种程度上这些需求在现行的教学体系中具有一定的矛盾，因此需要利用目前先进的管理理念和工程技术，设计新型的教学设计模式，创新实践教学体系，满足多主体的多元化需求。

一、现代教学体系中的多主体特征变化分析

目前高等教育体系中社会、学校、企业、学生、教师等教学活动主体均发生了一定的变化。以高等院校为例，持续的教育投入已经使其具备了更强的社会服务能力，突出的表现是学校的人力、物力、财力资源都得到了较大提升，以实验室为例，其建设一直是人力、物力、财力的聚焦点，目前物流类专业投资超过百万元的实验室已经成为“新常态”，建设面积有的甚至达到了单体 $3000m^2$ 以上，在此背景下实验室应如何发挥资源优势成为高等院校面临的重要议题。

随着中国物流产业的升级，企业对物流人才的需求变得更加急迫，但是由于受到企业规模、成立时间、发展战略等多方面的制约因素影响，我国物流企业人才培训存在一定的欠缺，与学校的人才对接还没有形成无缝化的常态模式。如果企业和学校之间的角色仍然还是被简单地定义为培养方和使用方这种分离模式的话，二者之间就无法形成稳定的共享利益模

式，不容易形成融合式的教学体系。在激烈的市场竞争面前，企业的服务质量要求越来越高，对先进技术和管理的依赖程度也越来越高，同时对企业在投资、人力资源等方面的要求也在不断地提高，企业面临的竞争和运营压力逐渐提升，而且其中的不稳定因素也在增强，需要外部资源适时介入。

随着社会、经济、技术的进一步发展，未来学校和企业之间在双方的空间、时间、内容维度上存在的距离感会变得越来越小，高校希望更加体现自身的服务社会职能，在教学计划和人员使用上进行了较大的调整，自由度增加。同时，企业希望获得更大的发展支持，对外部资源的引入更加迫切，双方的生态圈之间的交集会越来越大，为进一步的业务融合奠定了充分的基础。

二、新兴业态、服务模式和技术的出现，为开展校园交付模式提供了机遇

目前以虚拟企业为代表的社会资源组织模式不断发展，这是企业在现有市场基础、组织基础和技术基础之上，为提高自身反应敏捷性、降低运作成本而出现的资源优化组合模式，这种模式将分布式的网络资源按照特定项目类的要求进行了资源的动态按需匹配。

以电子商务为主的新兴服务模式为学校开展社会服务提供了新的机遇。学校本身就是消费的集中区域，校园电子商务消费已经变得普遍，据不完全统计，高校内一般平均每天的电子商务购物人数占到学生的1/20以上，形成了一个较大的集中式消费市场，为开展校园快递业务投递带来了新的机遇。对开设物流类专业的高校而言，形成“区域＋产业”融合运作模式，利用物流专业实验室开展校园快递服务，可以更好地体现目前以存储、拣选、分拣等为代表的物流技术应用，形成现代化的物流运作系统，发挥先进的物流技术优势，基于实验室运作该类项目将提高教学实验资源的利用率，拓展实践教学途径，形成良好的示范效应。

在特定领域开展校园交付的技术条件已经基本成熟，以现代信息技术为代表的高新技术应用已经将岗位的地域空间和时间界限变得更加宽泛，企业的业务开展具有更大的选择余地，以客户关系管理为例，包括客户情况的调研、整理、分析以及后续的决策支持环节都可以借助网络完成。于此同时，由于高校持续的财政投入和技术、经验积累已经可以形成相关的支撑环境，并具备了比企业可能更加具有优势的分析软件和人力支持条件，对开展业务更加有利。

综上所述，目前企业运作的对象、实现的手段变化都已经为校园交付业务的开展提供了良好的介入基础，但在寻求校园交付业务的过程中需要仅仅把握该类业务的特点。

（1）交付业务在时间维度范围很广，可以是持久或临时性的。例如以物流产业数据监控为主的业务可以利用学校的信息资源，依托云服务技术等长期开展；对于短期的业务，特别是一些能够以项目形式交付的业务，也同样适合学校开展。

（2）在地域上可以是分散性的。学校和委托企业之间可以依托现代信息技术建立强联系，并不要求一定在地域空间的重合。

（3）资源组合形式不拘泥于人力输出。学校与企业间的合作不仅仅是学生的顶岗实习作业，而是更加重视以教师智力、学校科技资源力以及学生人力三位一体的合作模式，例如企业进行的业务咨询项目、科技服务等都可以与学校资源进行全方位的对接。

三、开展校园交付业务应注重基础环境的建设

开展校园交付业务应注重硬件基础条件和软实力的环境建设。首先是学校和企业的理念需要与时俱进，双方彼此之间的定位需要进行重新调整，同时学校的管理体系也应该进行相应改进，例如对于以平安校园建设为主的系统建设应注重对外来业务的主动式、开放式监控，用以保证校园的人员、财产以及信息领域的安全。同时对双方的利益分配也应本着形成

增量的思想，立足于共赢合作，并形成良好的利益分配机制。

校园交付业务的开展是实践教学环节的新探索，未来校企之间的界限会更加模糊，资源的互动、互用，人力资源的交融是高校服务社会的必然趋势，不断进行模式创新将成为推动校园交付业务开展的新引擎，从而提高高校的培养质量。

第三章　物流教学软件营销策略研究

物流教学软件已经成为物流教学过程中的重要组成部分，产品种类日益丰富，教学软件市场竞争日益加强，为了更好地促进相关领域市场的健康发展，需要针对产品的市场特征有效地提高物流教学软件的营销策略，使相关企业立于不败之地。

物流教学软件的营销策略制订需要有科学的战略作为指导，结合目前的市场特征，教学软件供应商应注重组合式营销的理念，在单纯地提供商品之外，也要重视提供优秀的售后服务，还要在师资力量培养、大学生竞赛等增值服务上进行创新，不断提升用户教学过程的全流程体验，拉近和教师等用户之间的距离，凭借强大的用户关注度和整个全产业链服务优势开展营销活动，提供教学过程的全方位保障，实现高等院校使用者权利的最大化，强化对企业产品认知度。

集合目前高等院校的具体情况，为了更好地促进教学软件供应商的营销能力，可以从以下几个方面着手进行分析。

第一，扩展宣传的渠道，形成全渠道的推广体系。以现代信息技术为代表的技术进步变革了产品推广的方式，了解产品信息的途径变得更加多元化。以往教学产品的宣传主要是依靠参加展会、刊登实物广告等方式，而目前信息扩散的渠道变得更加依赖网络途径。以公司网站资源等为基础，移动客户端、微信等都可以成为公司宣传的全渠道整合要素。公司可以利用关注公众号的形式，建立微信关注群体，将公司网站信息整体复制到移动终端，实时进行信息宣传，并建立群体之间的横向联系，形成关注度和黏性较高的团体。对于公司的体验型产品应尽量以移动客户端的形式进行“免费”推广试用，形成全方位的产品体验空间，打破教学软件在时间和空间维度的使用局限性，为产品的进一步推广提供良好的保证。

第二，在软件的营销过程中和相关的企业联合，建立打包销售的理念，形成企业实体式的运作环境，实现教学、体验、示范、辐射、推广一体化的综合型平台。以电子商务类的软件为例，在传统实验室建设方案中，往往是提供一些基本的仓储流程管理软件，这些方案往往缺乏必要的现实实施场景支持，教学过程中的可信度需要提高。目前一些企业也有与高校进行业务往来的需要，特别是电子商务和快递企业，以电子商务企业为例，可以将公司的业务直接植入校园实验平台，将与学生消费结合度高的电子产品、文化产品以线下体验店的方式与实验室结合，并且可以将在线支付和配送自提设备直接引入实验室，以学生的存储类产品和拣选类产品作为运营支撑设备，这样就可以形成小型的电子商务类物流中心实体作业场景，直接将公司业务引入到学校中来，并可以与学生的创业相结合。这种学校与企业业务的结合方式，可以将学校的教学、实践、创业活动与企业的业务活动进行深度的融合，形成校园业务交付模式的再升级。

第三，需要在营销过程中提高消费者的参与性和互动性，在营销中尽量吸引教师参加，实现教师主导研发过程和消费者与生产参与者双重身份的融合。在以往的营销过程中，往往是单向地由教学软件提供商向教师进行宣讲而忽略了教师的感受，在目前的教学体系中，往往教师是专家，其对实验教学的认识水平超过教学软件供应商，在目前的营销过程中，教师的参与度是很低的，在未来的营销过程中，考虑到教学软件市场已经转变为买方市场，所以对教师的参与度应该更加重视。在软件的开发过程中应该采取前期参与的方向，通过聘任技术顾问、项目委托、联合攻关等多种形式，吸引有兴趣、有能力的教师参与，并且采取教学模拟测试的方法，进行有针对性的教学效果性能测试，将这种测试与传动的软件抗压测试等相结合，保证产品的质量。

第四，运用大数据等新技术原理尽量收集信息，对于用户的采购习惯进行特别关注，对高等院校的采购特征以及使用特征进行必要的分析。教学软件市场目前是典型的定向市场，其采购对象极为明确，但是目前对于高等院校采购的全过程分析还比较欠缺，获得信息也相对比较零散，无法形成对企业营销有价值的决策性支持信息。在营销过程中，应该将目前高等院校采购的相关信息进行仔细、全面的收集，并形成数据库，合理地利用数据挖掘方法进行分析，寻求其中的共性规律。目前在营销领域的具体实践中，可以在空间维度、内容维度、时间维度、金额维度等多个层次对非结构化的数据进行分析，寻求重点突破的方向。在条件允许的情况下，应该通过在线免费测试的方法，对高等院校的销售对象操作行为以及反馈等进行数据分析，对其需求特征进行科学整理，为营销策略的制订提供决策支撑，并及时向研发部门反馈。

第五，需要详细地分析区域市场特征。目前不同地区的采购策略差异较大，在教学领域各级政府主导了政府采购市场。以北京为例，基本采取了综合评分法，其价格分数一般占到30%～40%，用户对价格的敏感度较低，但是国内的其他一些地区则采取了低价中标的方法，将价格作为决定性因素，对企业形成了成本压力。

同时，公司在营销过程中可以采取的策略包括价格策略，例如目前中海资讯在产品线的构建上已经具备了规模，不同种类的产品应该采取差异化定价的方法，在价格上做出多元化的定价策略，按照市场的成熟度、竞争情况等对产品进行分类，对于市场竞争度高、替代品较多的产品应该尽量采用低价策略，在已经收回产品研发成本的情况下，尽量构建价格壁垒，否则在公开招标的条件下会直接丧失商业机会。对于具有较强竞争能力、市场竞争小的产品，应尽量采取适当高价的策略，为后续的市场竞争储备资金优势，并尽量在宣传上尽快形成知名度，提高影响力，迅速抢占份额，在技术壁垒的基础上，尽量利用市场竞争小的缓冲期形成市场占有率的绝对优势。

第六，推出全过程托管式实验室管理模式，以软件产品为核心，推出包括硬件设备、授课人员、产品维护以及教学管理等在内的全部服务。目前很多高等院校还存在对实验室管理缺乏各种支撑条件的问题，教学实验室的利用率相对比较低，提出完整的系统化运营相对比较困难。如果能够在教学计划相对固定、销售客户相对集中的区域进行集成设计，提出完整的教学资源管理模式，以授课为核心，将教学管理等进行集成管理，形成以供应商为基础的教学服务模式，转变单纯的产品一次性售卖模式，将会使教学软件提供商获得长期稳定的产品销售模式，形成稳定的利润来源。这种包括人财物管理一体化的服务模式在特定的区域是非常具有市场竞争力的。教学软件开发服务商可以对自己的人员进行柔性化工作能力培训，使公司人员和校园教学体系进行进一步融合，形成“校园＋公司”的双重工作地点模式，将会使企业与学校的距离更加拉近。

第七，以增值服务带动营销的策略。高等院校是一个需求多元化的营销对象，不单是教学软件的使用，教学体系的构建中，教学软件仅仅是其中的一个组成部分，要以此为基础提供多元化的增值服务。例如与行业协会或者教学主管部门合作组织单行的教学竞赛活动，通过竞赛的形式，将教学产品引入到高等院校中。这种销售模式要求教学软件提供商能够合理地设立竞赛形式，形成学生考核的标准，并且为社会所认可，形成“以赛带售”的模式。这种模式目前在教育部组织的高职类教学比赛中已经得到了较为广泛地使用，并且获得了较好的效果。为了更好地形成竞赛资源库，需要建立和行业协会以及政府主管部门之间的良性合作关系，使竞赛有良好地指导和必要的公信力。

未来对于教学软件的营销需要有建立全过程营销的理念。目前随着“90后”成为学生主体，教学软件的提供商需要充分尊重使用者意见，重视使用者互动的行为，从而大大增强对教学软件提供服务的黏性；同时在时间维度上要可以借鉴京东“卖完不等于结束，而是服务的开始”的服务理念，形成后续的增值环节，真正构建起为学校教学服务的立体化生态系统，在良性循环下进化、繁衍出更多的服务形式和利润空间，使企业获得可持续发展。

第四章 对物流教学资源未来发展的思考

物流专业人才的培养需要有一定的教学资源与之匹配，包括教学用的资料、实验用的软硬件等，伴随着现代社会、技术、教育的发展，物流产业领域出现了很多新的情况，需要在物流教学资源的构建方面有更多的思考和探索。

从目前的物流专业人才培养总体发展趋势来看，学校希望与企业、社会之间的距离越来越近，能够构建课堂—实验室—企业三位一体的一体化人才培养支撑平台，因此对于教学资源的提供者，特别是教学类软件的提供者提出了更高的要求，希望其能够改变以往的模式，满足这一发展趋势，更加注重提供能够构建实景式、沉浸式教学环境的教学资源。同时，由于物流产业内技术应用的快速发展，使得高等院校实验室的建设越来越需要具备前瞻性，从而在满足高等院校教学需要的同时保持特色，在这种条件下，要求教学资源的提供者能够快速响应这种需求，但是新兴技术领域需要具有较强的科研力量，以云计算、物联网、大数据等为代表的新兴技术产业对于单纯的教学资源开发者，特别是传统的教学软件开发者而言是一个新的机遇，同时也是一个更大的挑战。一些快速发展的大型企业集团不断地扩充人力资源力量，一个企业拥有的员工数量不断增加，某些物流企业人数甚至超过20万人，使得其成为某一地区或者某一类专业人才的聚集区，与之相关的高等院校在配置教学资源方面向其倾斜，通过成立订单班的形式与之配合，同时也会在实验室的建设上有所侧重，在教学类软件的采购上也更多地关注某一类相关产品。在物流中的某些领域，一些公司的产品或者技术已经具备了垄断性的优势，在这种条件下，其公司的产品也将成为业界公认的标准型产品，对进入这一领域的人员而言将是其具备的基本技能和本领，需要深入的学习，高端的ERP市场、SAP系统就需具备这种实力。从这些角度分析，可以发现在这种大背景下，教学软件领域将有可能出现更多的介入者，其中深圳很多企业有可能是“被介入”的，虽然教学产品领域不是其主要的关注点，但在细分市场上却具有压倒性的优势。

在国内，一些企业具有先进的运作理念，被高等院校教学人员作为范例进行学习，例如深圳市怡亚通供应链股份有限公司整合优势资源，构建了以物流、商流、资金流、信息流四流合一为载体，以生产型供应链服务、流通消费型供应链服务、全球采购中心及产品整合供应链服务、供应链金融服务为核心的全球整合型供应链服务平台，服务网络遍布中国主要城市及东南亚、欧美等国家。该公司的作业系统具有典型的实操性，在进行适当的教学功能转化后将可以直接提供给学生使用。中国远洋运输（集团）公司是中国大陆最大的航运企业，政府直管的特大型国有企业、全球最大的海洋运输公司之一，拥有大量的物流业务和作业软件系统，在港口理货业务信息化管理解决方案、货运代理业务信息化解决方案、船舶代理信息化解决方案等领域具有优势。上述两个公司都具有典型的实际操作背景，同时拥有稳定的研发人员，具有成为教学资源提供商的先天优势。

北京伍强科技有限公司，其业务主体是为企业提供现代物流系统整体解决方案，已经完成的120多套物流中心系统集成项目，行业覆盖机械、电子、汽车、医药、图书、烟草、零售、金融、高等院校，范围遍布全国20多个省市，初步形成以研发、总体设计、系统集成、关键设备制造、信息系统开发实施、物流系统运营管理为一体的组织架构。在物流系统的规划与咨询、物流系统集成及工程总承包、物流关键设备研发及供货、物流信息系统开发与实施、物流系统的技术支持等诸多方面有经验。这些公司的物流软件在高校的软件需求中拥有较大吸引力，是物流专业教育领域中强有力的竞争者，并已经在江苏、天津等地进行了实施，取得了良好的效果。

目前的企业都在不断地向成为业界标杆企业发展和努力，希望自身成为业界的标准，而高等院校和企业之间存在着天然的联系，在以需求为主要导向的当今社会，对教学资源的选择就会有较强的倾向性，否则就会与主流的产业发展背道而驰。但是也应该注意到，教育有其自身特有的规律，并不是简单地将企业的资源原封不动地照搬，这些企业提供的教学软件也存在一定的问题。软件以解决企业自身运营问题而存在，这就意味着在某种程度上缺乏通用性，在业务处理、流程控制、用户体验、细节处理上并不能完全契合高校教学需求，这也是这类企业需要加强并正在改善的地方。相信未来教学资源的提供商会更加多样，围绕高等院校的人才培养会有更多的主体参与，从而为提高人才培养质量提供更多的支持。

第五章 物流实验室装备的系统化利用研究

物流实验室装备是物流实验室的重要组成部分，特别是如自动化立体仓库、自动分拣设备等这一类的现代化物流装备，具有投资金额高、所需空间大的特点，高等院校在购置该类装备构建实验室时对其利用率较为关注，希望能够通过对物流实验装备的充分利用来体现大额资金的投资优势。但是目前受制于教学内容开发、教学手段研讨等因素，一些院校的物流实验装备出现了利用率较低的现象。为避免上述现象，高等院校在购置该类物流实验装备时需要以专业的培养方案为基础，基于系统化的思想提出多层次利用的模式来提高装备的利用率。本章将结合北京物资学院物流管理专业的实际情况，以自动化立体仓库为例说明该模式的构建方法。

北京物资学院物流管理专业的培养目标是满足全球经济一体化背景下中国在全球供应链中所承担角色，以及整条物流服务链条的延伸所对应的人才需求，培养出具有坚实的管理、经济、工程学科理论基础，系统地掌握企业物流与供应链管理、物流企业业务运作的专业知识，具有国际化视野、卓越实战能力，适应社会多层次需求的物流管理人才。物流管理专业定位于培养兼具实践操作能力、管理能力和国际化视野的专业物流管理人才。其中所具备的实践能力包括灵活运用基本工具、方法进行数据收集、处理、分析的能力，物流业务运作、实操能力，企业物流管理工作中分析、解决问题的能力；而国际化视野则具备了基础英语交流、专业领域英语应用能力以及专业领域国际化思维与业务运作能力。在培养目标方面，学院开设了包括物流管理战略经营类、物流管理运作类、国际化物流类以及工程、技术类等在内的一系列模块化课程。

在具备了专业培养的定位、建设理念以及课程体系之后则需要建立比较完备的支撑体系，物流实验室的建设就是这一支撑体系的重中之重，所以目前大部分开设物流专业的高等院校都建立了自身的教学用实验室。北京物资学院也同样构建了完善的实景式教学环境，为了更好地发挥其作用，提出了物流实验装备的系统化利用的思路。

1. 基于平台思想，形成具有较大覆盖度的教育资源池

该思想主要是利用物流实验装备的硬件基础，形成企业化运作平台，将实验室作为缩微版本的实景化虚拟企业，从而实现将企业各个层面的作业任务移植到以实验室为核心的企业虚拟平台之上，充分利用平台的综合性作用，与物流类专业培养目标的综合型相匹配，形成二者之间的紧密结合。

以自动化立体仓库为例，传统的教学方式是将其单纯地作为一个物流设备进行演示使用，在物流设备以及物流实训课程中获得使用。但是如果将该设备作为核心构建“实景 + 虚拟”的物流作业平台的重要构成部分就可以极大地扩展该平台的使用范围。将货物直接置于自动化立体仓库内，使之成为能够运作的物流系统，在学生实验过程中就能够提供更多的选择，形成可以覆盖物流作业流程管理、物流信息化、物流规划设计、物流成本管理等在内的综合平台。

在仓储管理课程中以往是在强调仓储设备的教学过程中涉及仓储设备时使用，而通过平台思想则可以在仓储规划、库房管理、仓储运作管理与仓储绩效管理等直接使用自动化立体仓库作为教学平台进行演示和使用。

在物流系统规划与设计类课程中，自动化立体仓库则成为规划与设计中重要的物流基础资源。物流设施设备与规划设计中则对立体仓库使用最为直接，可以以自动化立体仓库为核心，以其他辅助设备的实施来完成整个装卸搬运系统规划与设计，整个自动化立体仓库则成了完成这套物流设备的重要设计对象；在物流节点设计方面，配送系统规划与配送方案的设计也可以作为整个节点设计的重要参考因素。

在与物流信息化相关的课程中，自动化立体仓库作为仓储自动化的典型代表，可以在仓库的可视化控制、物流管理信息系统设计等方面作为教学对象使用。目前比较受到关注的物联网类课程也同样可以在上述平台开展教学，同时还能引导学生在实践中完成信息采集、传输、应用的系统设计。

在物流成本管理类管理课程中，通过尽可能地公布案例企业的相关采购数据、运行数据以及统计数据作为物流成本计算的基础资料，使学生切实了解物流企业运作情况。

以此类推，在运筹学类的课程中自动化立体仓库的运作路径优化，在库存管理课程中自动化立体仓库的基础出入库统计数据等都是重要的案例教学内容，可以使学生在教学过程中有最为直观的感受，直接提高学生的教学真实感。

2. 以物流技术装备类平台为基础，抓住教育需求的多样化，形成培养体系与教学平台相匹配的优化模式

在做好对课程的支撑之外，可以很好地总结目前以物流装备为平台形成的对教学需求多样化的支撑。在培养方案中物流企业实习可以让学生充分利用实验室资源，对企业中遇到的与之相关的实际问题进行仿真模拟，获得一定的决策支持数据。在学生开展毕业论文撰写过程中凡是涉及自动化立体仓库内容的，也完全可以利用实验室的设备来完成，例如物流管理类学生提出的企业技术改造策略，物流工程类学生的物流系统规划设计等都属于这一范畴。

在具备一定实验条件的院校中还可以充分地利用物流实验室进行物流类的通识教育，开设选修课程，将专业实验室变为通用类实验室，实现对实验资源的多角度、全方位利用。

目前，对实验室设备进行系统化利用的研究已经成为趋势，实验室的建设投资最大化利用的需求将会加速这一趋势的发展，未来物流实验室的使用将会更加充分、合理、科学，发挥更多的服务功能。

第六章　校企模式合作探索

新时期，随着社会经济的发展，高等院校、企业都面临着新的问题，发展的机遇使得双方对合作都有了新的愿景期望，如何更好地发挥资源的互补优势，探索新的模式成为亟须解决的问题。

一、高校、企业的发展机遇为合作提供基础

当今高等院校的社会职能发生了巨大的转变，社会服务要求不断增强，经过多年的建设，高等院校已经成为行业领域内智力、物力、人力资源高度集中的统一体，社会的影响力不断加强；在以往输出人力和进行智力服务的基础上，不断地提升自身介入市场、影响市场并进一步引导市场的能力。但是随着社会对人力资源需求的提升，高校教育资源的局限性也日益显现，与产业发展同步的时效性较差，这种制约在物流领域的专业人才培养体现得尤为明显，特别是对应用型人才的培养更加显著。

物流企业的发展目前也出现了新的趋势，随着产业的升级，人才需求不断发生变化。以往我国物流专业人才需求结构呈现典型的梯形结构，高端物流人才需求较少，主要是以劳动密集型为主的人才资源需求结构。随着产业发展，高端物流人才需求逐步提升，梯形需求结构逐步转化为三角形需求结构。未来相当长的一段时间内，我国物流产业还不能达到美国等发达国家水平，但高端物流专业人才比例会进一步提升，具有一定知识、技术能力的专业人才将成为主力军，而劳动密集型产业的比重会进一步下降，相应的物流人才需求也会同步降低，人力资源需求逐步转化为椭圆形

结构。在这种需求结构下，对企业人力资源建设提出了新的挑战，原有的人力资源培养体系很难适应这种变化需要。

在这种产业发展环境下，一个专业人才的成长已经不再是简单地从学校到企业，而是一个不断适应外部环境的过程，人才的成长需要一个综合型的、长时间的外部环境，正如国家中长期教育改革和发展规划纲要（2010—2020 年）所提出的要求，要大力发展现代远程教育，建议以卫星、电视和互联网等为载体的远程开放继续教育与公共服务平台，为学习者提供方便、灵活、个性化的学习条件，要构建灵活开放的终身教育体系，基本实现教育现代化，基本形成学习型社会，进入人力资源强国行列。

二、构建合作平台，创新学习模式

学校、企业对人力资源的培养认识有不同的角度，但是随着学校教学资源的局限性与企业人力资源培训的紧迫性等问题进一步突出，对专业人才的培养在时间、空间、内容等维度会出现越来越多的趋同点，深度融合协同的需求就不断地增加，对进行创新模式研究也会更加迫切，需要有新的视角认识这一问题，提出新的发展战略，创造新的人才培养格局。

现代工程技术的发展，特别是信息技术的突破和低成本应用为这一模式创新提供了良好的基础，基于平台的构建思想，学校和企业将联手成为为专业人才培养终身服务的共同体，构建以学校和企业线上、线下资源为一体的综合性平台。该平台中学校和企业将采用共同投入的方式建设，并以数字化教学资源库、校内实验室、企业实践中心以及社会服务机构为基础，采用合作互利的模式进行运营。

高校教师、企业员工将成为教学资源库的建设主体，教师的教学资料和企业案例资料将成为平台的重要教学内容，企业以案例、项目、专家讲座等形式介入教学活动，并可以通过网络资源开放企业实体资源，企业的人员、设备、任务等资源与教学实时互动，形成线上与线下、跨越地域空间的综合学习平台，学生、教师、企业家、作业人员可以在课堂上有计划地实时互动，基于实验室和企业的运作平台也可参与其中，教学资源的极大丰富将提升学生学习参与度，扩展教师的授课手段，提高学生学习的兴趣与主动性。以开展项目的任务驱动教学为例，可以采用企业实时转播的方法讲授配送中心的作业环节，对现场作业进行评价，并与学生进入企业的实践类操作或者教师的课题研发等结合，利用最直接的呈现形式将企业与课堂、工作与学习、企业家与学生实现对接，这种形式将通过产学研用的协作，实现教学过程多主体的良性互动，实现全社会学习资源的互通、互联、互用，从而实现互利。

三、系统化的平台实施保证措施

该类平台的实施是参与主体需求变化与现代先进的管理思想、教学理念、技术的结合，需要有系统化的实施措施。

首先是转变高校教学资源的采购、使用和评价方式。在教学资源的建设上，重视企业的实体参与，将专业化、碎片化的企业资源进行协同，形成符合政策要求的采购资源；在资源的使用上不仅仅单纯定义在课堂上，要建立课后、毕业后的学习机制，这就需要教学管理的变革，对教学资源的使用要立足于开放、共享的理念，向全社会开放，实现资源的最大化利用，对使用绩效的评价不要单纯立足于课时的统计，要立足全社会的使用。

企业要重视产业升级的紧迫性，积极参与教学平台建设，在设定使用权限的基础上，将自身的资源与高校共享；要算大账，将企业员工的培训经费进行统筹考虑，从更高的层面认识和高校的合作，形成平台式培养策略。

社会资源要积极参与，特别是具有认证资格的社会机构，协调解决好学历、认证学分互换等工作，摆脱自身独立运营的思想。

重视科技的集成应用作用，特别是现代信息技术，真正搭建跨越地理空间的平台沟通渠道，充分利用网络资源的普及性，结合移动互联网等新兴技术，形成分布式的学习环境。

解决好利益分配问题。教育是国家、企业都需要投入的，包括教师、企业员工的付出要得到尊重，并允许其获利，要从国家、行业、企业发展的全过程来看待问题，要有系统的眼光，不要紧紧盯住眼前利益。

企业要重视人才的全生命周期理念，不要单纯地将学习任务个人化，认为是个人的问题，要明确人才培养的先导性作用，对产业的长远发展要有一定的前瞻性。

新的教育模式需要不断地探索，以学校和企业为主的资源互通、互联、互用将是未来一个重要的趋势，为物流专业学生、社会转岗人员、企业人员提供全产业人才培养建设公共平台是一个较好的选择，将会为产业发展提供持久的人力资源支持。

第七章　实现校企互动共赢的创新模式研究

目前高等院校的教育生态环境发生了较大的改变，由于自身资源有限，学校的发展必须与社会进行更好地融合，对于一些有特色产业背景的地方院校更是如此，如果不能合理科学地整合资源，势必会和社会的需求脱钩，因此需要探索新的教学资源配置模式。

北京物资学院的物流类专业人才培养侧重于应用型人才的培养，需要学生有更多的实践教学机会，因此需要探索新的教学模式。对于一所本科型的高等院校，如果将学生直接推向企业，完全由企业培养是不适合的。首先，目前很多企业还没有建立起良好的人员培训体系，不能给予入职的学生良好的培养环境，没有系统完善的培养计划，单纯依靠学生自我学习和员工的示范作用是远远不够的，无法实现学校课堂教学效率的高效化。其次，从目前的实际情况看，高年级本科生对企业安排的工作培训满意度不高，大多数人认为对自我能力的提升有限。同时很多物流企业规模较小，本身作业也不甚规范，对人力资源的需求没有统一的规划，因此，并不利于学生的培养。最后，物流产业目前的利润值不是很高，产业的整体待遇不具有很强的竞争性优势，对人才的吸引能力不足。

基于上述事实，教学工作者需要对学校的人才培养目标做一个较为系统的梳理，然后制定出与企业合作的新模式，从而实现双方的互动共赢。目前学生在实习选择过程中考虑的因素各有不同。部分学生实习主要是为了增强自身能力，为后续选择更好的企业就业打下基础，因此目标性不高；部分学生实习倾向于获得更多的锻炼机会，为后续个人发展提供良好的基础，因此专业性要求并不高；部分学生实习主要是满足经济方面的需要，改善校园生活质量，因此针对性不高；而对于高年级的本科生来说，更多的是希望实习和结业联动，力争进入与职业规划相符合的企业工作。通过分析学生的这几种典型的实习动机，教学工作的组织者应清醒地认识到其差异化的现状，并应将学生分类进行指导，以保证能够很大程度上符合学生的需求，且达到与学校现有的教学体系相兼容的效果。

结合目前现有学生的情况，建议开展分阶段的实践形式，计划与符合条件的企业开展深层次的合作模式。首先是明确合作的目的，即增加就业机会，增强就业能力，强化学校与企业之间的对话机制，建立新型的合作伙伴关系。在这个过程中企业和学校将相互配合形成“双主体”并行的双核结构，共同完成面向企业实际情况、同时结合教学培养需要的实践教学体系。该体系开展于本科专业教育的第七学期至第八学期，共计一年，设定一年的时间可以保障一定的稳定性，并维持企业常年的人力资源需求。学校和企业共同制定教学内容，并不仅仅依靠企业独立完成，制定出的教学内容将以具体的模块出现，并固定相应的学时数，例如仓储规划设计模块等，需要配合相应的教学内容、考核内容和评价方法，通过纸质资料和远程视频面试进行综合考核，并给予相应的学时确认。学习内容应该结合本科生第七学期的相关内容，在其基础之上做适当的扩展，以保持学生专业知识结构的完整性，同时能够体现用人单位的特点，符合企业的实际人力需求。为了满足教学的需要，还可以将企业人员的指导通过互联网完成，将其也设定成为相应的培训内容，例如在学校实验室安排进行一定数量的实践课程，由企业人员进行远程的实施指导，特别是前期的培训阶段，这种形式更值得提倡，不仅减少了企业的负担，还能进行必要的前期人力筛选。

为了实现企业与学校的一体化作业，需要对双方的资源进行必要的整合。首先需要建立双方互通的高速网络连接，实现师生的教学活动互动；

同时也可以在学校采用“实景式”模式构建实验室，实现与企业之间的无缝对接，构建人才培训的重要基地。

在该类实践体系下需要对人力资源创造的价值进行合理的分配，以保护企业、学校和学生的利益，因此，建议将企业所付的人力资源费用分割为三个部分，其中 80% 作为学生薪酬，15% 作为教师辅导经费，5% 用于学校的日常教务管理，满足参与主体的利益诉求，否则会影响整个系统的正常运行。

采取此种模式还需要重视对企业的选择。首先，需要进行本校人才就业的定位，以提高与学生就业需求的契合度。其次，建议选择比本校毕业生平均薪酬水平较高且拥有较强的人员就业吸收能力的企业，形成对毕业生强大的吸引力，使毕业生可以较为投入地参与到本计划中来。否则企业的薪酬水平较低不利于学生选择该单位，使企业失去人才培养的动力。企业的毕业生吸纳能力较低也会降低学生的投入度，不利于形成规模，增加项目的执行成本。最后，要求企业拥有多元化的岗位类型和物流作业模式，否则将导致学生作业重复性大，降低学生对项目的参与兴趣。

从目前国内外的教育发展形势来看，跨界和整合已经成为社会资源优化配置的主旋律，形成新的物流专业人才培养模式已经成为高等院校和企业共同面临的难题，如果人才培养瓶颈得不到缓解将会极大地限制产业的服务能力提升，因此进一步优化校企合作模式将会起到良好的效果。

第四篇

创新创业研究篇

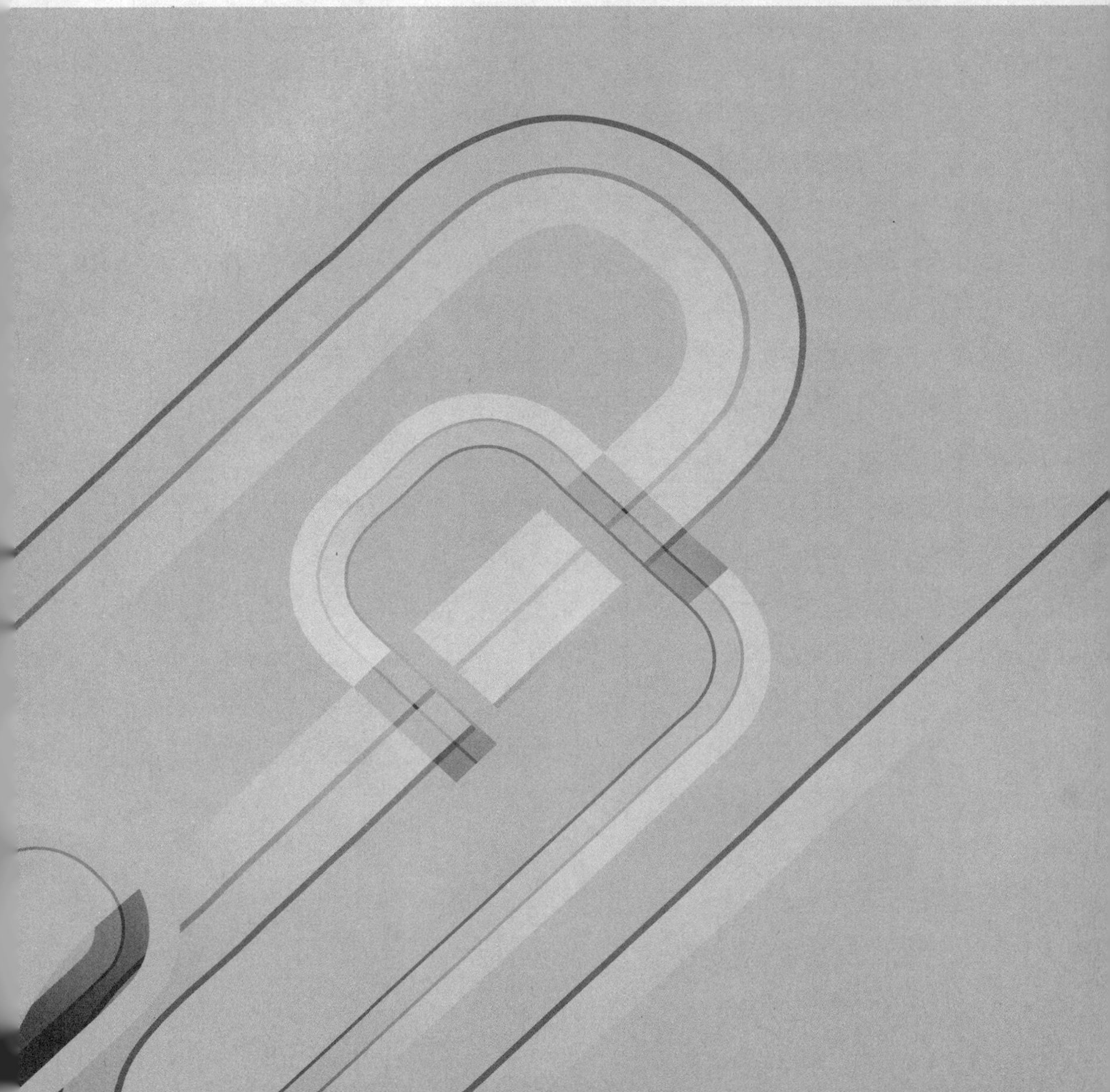

第一章 北京物资学院依托大学科技园服务大学生创业

大学生是中国未来的脊梁，肩负着实现华夏中国梦的历史使命。富有激情和智慧的大学生如何融入这个充满机遇和挑战的社会，创业成为当代大学生实现梦想的一个重要选择。北京物资学院顺应这一发展趋势，集中学校优势资源通过建设大学科技园等一系列措施促进大学生创业工作的开展。

北京物资学院大学科技园成立于 2013 年，是北京市副中心内唯一的一个由北京市科委、北京市教委及中关村科技园管委会联合授牌成立的省级大学科技园。科技园于 2013 年 12 月同时正式获批“中关村智慧物流产业技术研究院”，跻身中关村科学城建设单位，并享受中关村国家自主创新示范区优惠政策。优越的区位优势、优惠的扶持政策、良好的外部环境、优越的公共资源在此汇集，为首都大学生创业者提供了最优的服务平台，成为实现创业梦想的梦工厂。

北京物资学院大学科技园位于通州区新华南路 190 号，毗邻通州新城核心区，占地 50 亩，现有建筑面积约 13000m^2，紧邻地铁八通线、京塘路、新华南路，距离首都机场 20km。

大学科技园拥有无忧的生活保障，优质的生活圈提供“科技园、校园、家园”三位一体的无忧环境，使创业者能够关注自身核心业务。在这里有成熟的生活服务配套措施，家乐福超市、银行、邮局等一应俱全，打造 15 分钟生活圈，使创业人员坐享生活便利；校园式花园环境为创业者提供学业与事业环境的零距离切换；优质的校园公共食堂为创业者提供“舌尖上的享受”；多元化便利交通系统，使创业人员 20 分钟到达中央商务区（CBD）。

大学科技园有领先的园区定位。“创业难，难创业”，科技园通过“公司 + 公寓”的服务平台，提供“智力、财力、动力”多维度的支撑条件，助推创业项目成功，致力于引进、培育、孵化以智慧技术为主的物流产业的领军小微企业家，以此为基础将建立智慧物流产业联盟，突破一批智慧物流共性关键技术，形成智慧物流新业态、新模式、新产品的策源地及输出高地，培养和汇集高端物流人才，打造智慧物流产业研发总部基地、高端人才培养基地、产业示范基地（见图 4 –1 –1）。

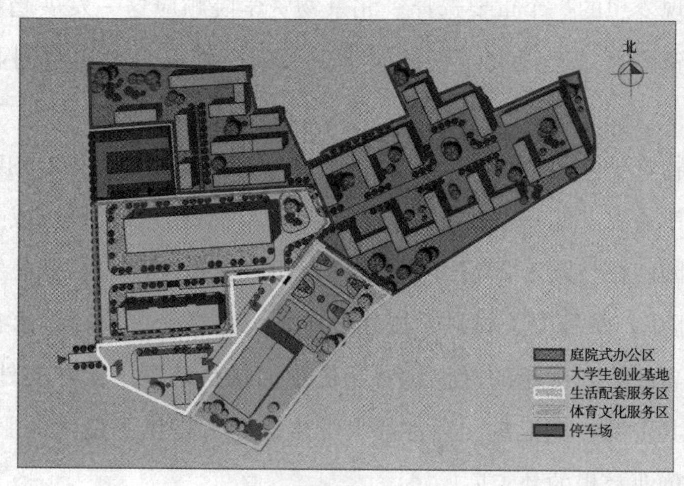

图 4 –1 –1　北京物资学院大学科技园总体规划

大学科技园将构建最优的创业生态环境：

（1）一站式的公司注册服务，免除公司入门门槛；

（2）公共的财务管理平台，提供保姆式的财务支持体系；

（3）独立的个人空间与公共的办公设施融合，形成动静结合的集约化办公环境；

（4）专家团队辅导，辅助创业人员点石成金；

（5）国家支持资金、天使基金、风投资金为园区提供全渠道的金融支持。

大学科技园提供的主要基础平台包括中关村电子商务与现代物流产业联盟、中关村开放实验室、北京市重点实验室、北京市工程技术中心、校企协同创新平台、企业孵化服务平台、科技成果转化平台和天使基金融资平台等，相关的公共资源将以最优惠的条件向创业者开放。

大学科技园主楼二层近 1000m^2 已经设置为大学生的“创业基地”，供创业先锋入园注册企业孵化科技成果，实现创业梦想。创业企业孵化期前 3 个月免收办公租金，3 个月后达到园区标准，具有良好发展前景的，允许在园区内注册公司进行市场化运作；园区提供公寓式宿舍，可供四人居住，租金极为低廉；园区为入驻企业提供工商注册等中介服务以及开放实验室、数据库共享等研发支持服务；园区还积极为入驻企业争取风险投资、申请认定中关村高技术企业及各类科研项目的资金支持；组织参加各类人才洽谈会、产品展销会、项目推介会等，并利用园区网站、工作简报及相关媒体资源为企业提供信息交流及对外宣传服务。

北京物资学院大学科技园为创业者提供一个新的选择，在这里有校园式的办公环境、保姆式的创业服务，大学生的“就业、创业、事业”在这里完美统一，为创业者未来愿景实现提供一片新的天地。

第二章　新型大学生创业服务体系构建研究

目前大学生创业已经成为一个社会热点，国家已经制定了大量的政策支持大学生创业，作为扶持的主体，大学生整体的情况比较多样，需要分类制定不同形式的服务模式，特别是对于一些面向应用型人才培养的高等院校，其培养的大学生并不具备非常强的综合能力，在创业过程中遇到的问题也就更多，成功率非常低，并不能很好地实现国家期望的战略目标。

为了改变这一现状，需要为大学生的创业提供更加系统化的服务，特别是一些核心环节。目前通过政府、社会等渠道，大学生创业者的资金筹集渠道已经相对比较丰富，能够对学生提供基本的保障，但是在创业的项目上目前提供的辅助工作欠缺较多，学生由于学校和生活接触的范围比较小，了解信息的渠道不是非常通畅，虽然目前互联网已经非常发达，但是通过网络并不能很有效地直接获取这一类信息，在这种条件下需要为学生构建新型的服务体系。

从目前学生在校期间的学习安排来看，学生除在假期这一相对比较集中的时间外，安排长时间的校外学习、考察或者交流活动等都存在一定的困难，因此需要探索一种新的方式，更好地利用校内资源，为大学生提供一种新的创业服务模式。

高等院校以前被认为是象牙塔，关注其商业领域价值的人员并不是非常多，但是随着电子商务等新兴消费形式的兴起以及从互联网等为代表的技术进步，高等院校已经成为一个非常重要的消费集中点，建立服务于高等院校的综合型平台变得越来越重要，同时该平台中所包括的服务内容也会越来越丰富。以服务大学生网购为例，目前依托校园快递物流服务开展的商务活动，对学校的安全管理等方面都提出了新的挑战，在特定时间段集中在校园门口的快递已经成为学校管理的难点，众多高等院校都在探索如何有效地解决该问题。从实践的结果看，单纯地依托社会力量开展连锁经营，由于物流专业领域的研究不足，对该类市场的特定分析少，并没有起到非常好的效果。大学生是该活动的主体，他们是否可以参与这类活动，特别是具有物流专业背景的特色型院校，都可以尝试探索发挥自身优势，形成更加专业化的解决方案，并以此为基础在满足大学生基本生活需求的基础上，形成对教学、科研以及社会服务的全方位支撑。结合该类需求，学校可以依托自身的资金、场地、智力优势，构建综合型的服务平台，集中与外部资源进行洽谈，形成规模化的运营优势，并在此基础上积极地研发相关技术，提供相应的场地等基本运营条件；在平台形成运营基础之后，可以向学生进行开放，由大学生作为运营主体，展开运作；由于具备了实际运营环境，对服务对象了解清晰，学生可以根据需要制定不同的运营策略，通过调整运营模式以便获得更大的运营效益。在平台运营过程中，以教师为代表的高端智力资源可以采用“企业智库”的形式，以专家指导的身份参与其中，为学生运营提供支持；不具备足够运营管理能力的学生将以参与社会实践的形式参与其中，对具有科研改进能力的学生，这一平台将成为学生应用专业知识、提供解决方案的对象。平台通过提供服务获得的盈利，将会根据情况进行合理分配，学校将会以出资人的身份获得收益，教师专家以智力投入的形式获得收益，负责经营的学生将会以管理者的名义获得收益，参与实践的学生将以勤工助学的形式获得收益，一些提供改善改进建议的学生将以项目研发的形式获得收益。这种收益将不单纯局限在经济层面，对学生更多体现的是综合能力，特别是创业、经营能力的提升，毕竟学校提供的创业空间还是相对较小，在具有较强经营管理以及机会把握等方面能力之后，学生将会选择更大的创业平台，也会有更多的机会，并以适合的形式离开平台，此时平台经营的人员也会不断地更替，以便更好地发挥学校主体培养人的目的。如果学生有扩大创业平台经营的想法，可以充分考虑学生周边的商务环境，将零售、餐饮以及文化服务的资源与校内需求良好地互动，形成 O2O（线上到线下）综合服务型交互平台，将为校园消费带来很大的增量，进一步丰富校园生活。以此服务为基础，可以进一步地融合物联网、大数据等新兴技术，并与微信营销等形式相结合，形成新的商务运营模式；在具有一定规模的基础之上，还可以考虑利用学校实验室资源等，适当地建设服务周边区域的运营平台，进一步扩展学校的社会服务能力，并为学生创业提供更好的外部环境，提供更多的机会。

高等院校的学生创业需要方方面面的扶植，在创业平台的构建上，不同类型的学生需求差别非常大，由学校建立运营平台，为学生提供创业演练、提供完整商业生态环境，形成完善的一站式服务体系是一种重要的选择，特别适合学生综合能力需要提高、发现创业机会能力欠缺的学校采用。这种模式下，以学校为主体，可以更好地集中资源、配置资源、提高资源的有效利用率，并降低学生在初次创业中的风险和成本，提高学生参与创业的积极性；学生成长后，该平台将会与社会大的创业平台进行更好的对接，实现学生创业的可持续发展。

未来高等院校学生创业将会成为社会持续关注的问题，建立与之匹配的服务体系将会变得越来越重要，不断地根据学校和学生的特点进行探索将会极大地提高学生创业的积极性和成功率，为全面提升学生能力奠定坚实的基础。

目前随着社会的发展，对高等院校的定位也在不断地变化，特别是对于培养应用型人才的高等院校，其社会服务功能的体现也在不断提升，学校需要不断地改变原有的架构体系适应新的定位变化，需要建立新的服务平台，并对社会资源进行跨界的深层次融合，形成多主体的共赢并行发展的新模式。该模式的核心思想是学校的发展定位是依托平台策略和互联网思想，摆脱个体发展的单核思维定式，学校将自身的人力、物力、财力以及影响力注入综合性平台之中，形成学校资源与社会化资源的协同，学校将深层次地了解市场、介入市场、影响市场，并在局部领域实现引领市场。在这一过程中，学校投入的资源也将转化为自身在人才培养、科学研究、社会服务以及文化传承领域的优势，带来学校价值与品牌的提升。

1. 产业研究院设立背景分析

学校为了实现上述职能，需要构建新的结构体系，以实现自身资源的有效配置，目前高等院校成立产业研究院是一个较好的选择。产业研究院是推动高校发展，促进高校科技与经济结合的新方式，也是提高企业自主创新能力、建设国家创新体系的重要手段。产业研究院具有综合性、开放性和整合性的特点，通过对具有巨大经济潜力的产业前沿、共性技术的研发，整合政府、高校、科研院所与企业的创新资源，由政府主导、依托高校自身的科技和人才优势，通过学校等主体共建研究院这个载体，使合作双方由简单的优势互补走向双赢，既推进产业结构升级和区域经济发展，又能实现人才培养与社会需求的有效对接。

经过一段时间的发展证明，通过设立产业研究院学校将对外服务的职能进行有效的优化组合已经获得了较好的效果，较为成功地将分散的服务职能形成统一的开放式窗口，在保持现有机构服务职能的基础上，将一些综合性的、协同性的职能进行有机组合并入产业研究院，形成对外扩展、对内服务的综合型平台。

2. 北京物资学院现代物流产业研究院体系建设分析

北京物资学院是一所以物流和流通为特色，以经济学科为基础，以管理学科为主干，经、管、理、工、文、法等多学科协调发展的公办普通高等院校。长期的历史发展积淀使得北京物资学院在物流领域有了较好的行业知名度和影响力，学校近年来确定了开放式的办学战略，并成立了现代物流产业研究院，获得了中关村智慧物流技术研究院和北京市大学科技园的建设项目支持，形成了良好的建设基础条件。

北京物资学院的现代物流技术研究院在梳理自身优势资源和外部可利用资源的基础上，提出了综合型平台的构建框架，如图 4-2-1 所示。

活动层

成立电商联盟	建立校友企业家俱乐部	建立校企工程中心
开拓合作单位	成立联合科研机构	建设公共服务平台
开展教师一来二去挂职项目	成立京津冀物流一体化研究中心	吸引校内建设项目

功能层

培养教师实践能力	建设学生实践基地	推动产业发展进步	争取项目支持
推广教师科技成果	辅助大学生创业	促进产业商务交流	孵化科技项目
人才培养、科学研究、社会服务、文化传承			

平台层

学校对外综合服务平台

资源主体层

政府机关	行业协会	海外资源	企业资源	内部资源	校友资源	外设资源
商务部	中物联	美国运输与物流协会	西王集团	中关村技术研究院	校友会	南方研究院
通州区	仓储协会	德国商会	易云科技	开放实验室		北方研究院
山东省科技厅	物流工程协会	日本零售协会	华蒙通公司	大学科技城		华东研究院
南通市	北京物流协会	合作院校		电商联盟		
洛阳市	天津物流协会					
十堰市	河北物流协会					

图 4-2-1　现代物流技术研究院资源平台构建框架

从构建的形式可以看出，研究院主要发展是在“编筐、造势、织网络”的指导下进行开拓。编筐是产业研究院发展的基础，形成一批有代表性的机构、平台等可以为产业研究院的发展奠定基础。造势是要通过多个途径进行宣传，在校内形成产业研究院建设的良好氛围，在外突出产业研究院的影响力，并以此为基础积极塑造学校的影响力。在建立相对独立机构的基础之上，以学校产业研究院为核心，可以形成覆盖较大区域的服务范围，形成高校、产业、区域联动发展的多维网络结构，形成多种资源进一步跨界组合的新模式。

3. 参与服务平台建设的企业合作模式分析

在这种条件下，要想与高等院校有更加深入的合作，需要企业全方位的转变。首先是与学校建立全方位的合作关系，摆脱以往单纯输出技术产品的情况，形成双方的利益共同体，构建战略合作伙伴关系。

首先是合作企业的甄选。目前我国整体处于战略转型阶段，对于企业创新驱动发展的重要性不断地显现，能够与高校结合建设合作关系的企业应该首先在战略发展层面有非常清晰的梳理，自身业务有明显的合作需求。以北京物资学院建设中关村现代物流产业研究院为例，学校希望与企业共同成长，将企业的资源和学校的优势相互结合。此种形式面向的对象应首先是有一定研发和推广型需求的企业，企业业务单一、技术应用滞后的企业并不能完全适应这一要求。

其次是建立与企业互动成长的机制。以往企业与学校之间是产品输入和人才输出的简单性联系，由于行政归属、地域空间等方面的制约，导致学校和企业之间的互动存在一定的瓶颈。北京物资学院建设中关村产业研究院，首先考虑的是与企业实现以往线上和线下的全渠道沟通。在学校的自有土地上开辟企业的专有区域，打通了学校围墙的阻隔，将学校、产业、区域之间的资源交互融合统一在了学校的物理空间之内，在目前中国的发展阶段是十分适合的，学生、教师可以几乎足不出户与产业接触，产业资源在此发展，并享受学校提供的智力支持。这种环境对于技术发展需求较高以及与学校有较高业务需求的企业显得更加重要。

学校和企业之间需要有更多的创新性合作模式。学校以往发展的利益诉求比较单一，在与企业合作的过程中，需要在共赢理念下有更多的多边合作模式。以北京物资学院与深圳市中海物流技术有限公司为例，双方存在典型的需求共性。北京物资学院是国内唯一的一所以物流和流通为特色的高等本科院校，在国内率先成立了物流管理专业和采购管理专业，建立了国内第一个省部级物流重点实验室，拥有国内第一个物流类实验教学示范中心，在国内有较大的影响力，在国内本科教学领域有大量的教师资源。深圳市中海物流技术有限公司立足于物流教学领域的产品研发，北京物资学院对公司而言已经不单纯是客户，而是重要的合作伙伴，如何将中海物流（深圳市中海物流技术有限公司的母公司）的企业资源、中海资讯科技有限公司教学产品研发与推广资源以及北京物资学院的智力和影响力资源进行融合成为校企合作的首要任务。在现代物流产业研究院这一平台上，这种合作模式将会有更加多样的形式。企业将自身的研发机构入驻现代物流产业研究院，输入中海物流的产业资源和中海资讯科技有限公司研发资源，北京物资学院输入教师研发资源以及教学领域的实践经验，成为企业的技术顾问，将成为企业智库的核心，并积极地介入研发环节；在产品中试后可以以学校为背景进行产品免费检验，并投入产业研究院建设的展示中心，同时利用学校的影响力进行示范应用推广，使产品的输出可以充分地利用学校的影响力软平台和产业研究院开拓的地方实体平台，而中海资讯科技有限公司则以教学研究项目的形式对学校进行回馈，如果产品具有良好的推广价值，则应进一步与学校商定知识产权的下一步分享机制。同时，企业也应通过中海物流的渠道将企业的职位向学生就业开放，将企业运作资源向教师科研和教学资源库建设开放；双方的媒体资源也应对此进行积极地正面报道，并协同争取校企合作项目，联合申报奖项，进而加大双方合作的深度和广度。上述合作模式如果能够得到实施，将成为校企全面合作的新机制。

产业研究院的成立还进一步在物流技术装备领域进行探索，力争在智慧物流装备与技术领域形成产业集聚，并完成集成创新。为了实现这一目标，产业研究院集成了五大要素。首先是技术研发者要素，引入包括德国物流研究院、中国商品编码中心等研究型机构，并积极引入人才，形成智力高地；同时与包括中关村海淀投资公司等金融机构进行合作，拟建立智慧物流专项发展基金，形成金融支撑要素；通过引入物流技术应用型企业，形成技术应用的出口；与文化消费企业合作，通过打造生活社区，为各项交流提供社交平台；在此基础上，积极地将学校教师、学生等推荐至上述综合服务平台，与社会资源互动，共同推动物流装备技术领域的进步。目前包括哈尔滨国家机器人中心、中美协同创新中心等一批合作机构在积极开展合作，为进一步扩宽以学校为基础的合作提供了新的保障。为了推动这一工作，技术研究院提供了包括高端建设设备、拣选模拟设备等在内的一系列硬件研发平台，为进一步推动物流装备技术领域的技术进步提供基础支撑条件。

高等院校对外合作模式需要进一步的探索，其担负的历史和社会责任也将通过合作模式的创新而进一步强化，未来高等院校的作用也将得到更加充分的体现，企业也会在合作过程中获得更多的发展机遇，双方的共融式并行发展将成为共同推动我国现阶段产业进步的重要引擎。

第三章　高校物流产业研究院建设模式探索

高等院校服务社会的职能在不断地强化，对于高等院校的发展是一个难得的机遇，对于具有鲜明办学特色的行业型院校更是如此，特殊类型的高等院校如何在变革中谋求发展是摆在面前的重要课题。北京物资学院作为全国唯一的一所以物流和流通为特色的高等院校，在发展过程中提出建设高水平特色型大学的建设目标，与之相配套对现有的组织架构进行了重组与优化，形成以机构建设为核心的产业服务架构。该架构突出的特点是建设现代物流产业研究院，并以此为基础将学校优势的智力、人力、财力、物力以及影响力通过多种形式注入产业研究院这一平台，并积极地进行实体与虚拟结合的双轨建设模式，从而积极地了解高等院校服务的市场并介入市场、引导市场，实现社会资源与学校资源的深度融合，最终并行互动发展。

高等院校建设产业研究院是目前服务社会的一种新形势，各个院校都在进行多种形式的探索。北京物资学院采取的模式是采用多种资源融会贯通的模式建设产业研究院。学校首先构建实体的发展平台，提供了地理位置优越的、位于通州区核心区域的 50 亩土地作为产业研究院的物理实体，并将全部 1 万多平方米的建筑面积提供给研究院进行实体运作。同时学校将产业研究院平台进行立体化，将各类多元化的资源注入研究院，包括北京市重点实验室、北京市教委工程技术中心、中关村开放实验室、中关村现代智慧物流产业技术研究院、北京市大学科技城、中关村电子商务与现代物流联盟等优质资源都成为产业研究院建设的重要支撑要素，建立了包容产业基础理论研究、核心关键技术研发、产品应用示范、企业创新与培育孵化、产业资源推介等一系列的全产业链服务体系，使得教师、学生、学校、企业、协会、政府等都能够在此平台获得所需的资源。在服务好学校的同时，资源得到了最大化的共享利用，并通过有机的组合形成新的增值空间。

为了最大限度地实现学校资源的共享，学校提出了“编筐、造势、织网”的发展策略，积极地拓展对外服务，形成了以学校为核心的网络化资源布局，已经构建了包括江苏南通、河南洛阳、山东济南、广东珠海等在内的优化布局，将资源进行多点间互动式融合，成为推动物流产业发展、提高学校服务社会能力的综合型平台。

以江苏南通为例，北京物资学院与南通市政府签订了战略合作协议，并共建现代物流产业（华东）研究院。该研究院立足于服务以长江三角洲为核心的华东地区，北京物资学院和南通市地方政府实现资源的优势互补。在研究院的管理上，学校产业研究院和南通市经信委共同负责，在指定联系人的基础上，形成了双方共同参与的管理模式。在组织架构中，目前研究院正在积极探索新的模式，结合南通目前的发展情况，准备着手在通州区建立家纺物流研究中心，在滨海新区建设长江经济带物流研究中心，构建“一院两中心”的三角形架构，既要考虑南通市的整体物流发展需要，又与特色的区域经济相结合，成为“一面两点”的机构模式，使得研究院更加接地气。在研究院的研究人员构成上，充分发挥北京物资学院的智力和人力资源优势，首先是教师利用学术休假形式可以长期驻外、服务地方；利用研究院提供的课题研究生直接采取基于本地岗位和科研项目的培养模式，长期作为研究院研究人员；基于现代通信技术，教师可以作为研究院的顾问实现异地挂职，充分利用教师的智力资源成果；同时研究院的专家顾问团队也可以直接参与南通市本地的建设。在科研项目方面，研究院主要服务地方经济，作为政府的咨询机构，同时积极地扩展面向区域内企业的技术服务，形成政产学研用结合的项目体系。同时，北京物资学院还计划将中关村开放实验室、中关村电子商务与现代物流产业联盟等的分支机构建设在现代物流产业（华东）研究院，形成有影响力的研究平台。如果条件允许，还会将申请到的博士后工作站等资源输入至南通。为了更好地体现服务地方的宗旨，研究院还将积极开展各项活动，例如与当地大学共建、与行业协会合作创办企业家沙龙、与中国物流与采购联合会合作共同开展职业培训，并积极地将北京等地的科技、产业资源输入至南通，会组织南通的企业参加北京或者其他地区的活动，为实现南通与外界的沟通提供条件。在条件允许的情况下将与本地协会合作成立技术工程研发、转化和示范应用中心。以这些活动为基础，未来现代物流产业（华东）研究院势必将成为南通市政府物流领域的高端智库、产业交流互动的平台和新产品新技术的推广示范中心，为南通发展物流产业提供新的推动力。

未来高等院校的发展将会呈现典型的多元化特征，学校要积极拓展自身的外围市场，形成有利于自身发展的外部环境，这种积极主动式的服务也将为高校的可持续发展提供良好的推动力。

第四章 依托产业研究院优势，丰富校友服务模式

高等院校的产业研究院的一项核心工作就是负责学校的对外服务，产业研究院的成立是一个学校落实开放式办学思路的重要标志，依托产业研究院可以搭建起学校服务社会的新型平台，伴随着学校对外服务职能的加强，学校的品牌也会全面提升。

北京物资学院是国内唯一一所以物流和流通为特色的本科高等院校，为物流产业服务成为体现学校社会服务价值的重要内容。学校于2012年成了现代物流产业研究院，产业研究院集合了包括中关村唯一智慧物流技术研究院、第一个物流类开放实验室、第一个物流产业领域的北京市大学科技园和物流工程技术中心，汇集了中关村电子商务与现代物流产业联盟，同时联系着国内唯一的一个物流类专业国家级教学中心，已经成为北京地区系统性最强、在国内具有较强影响力的集教学、科研、产业为一体的综合型平台。

依托强大的内部优势资源，学校随之制定了“编筐、造势、织网”外向型发展战略，实施了与商务部、中国物流与采购联合会、通州区地方政府等在内的五大合作工程，提出了包括政府、行业协会、企业等在内的全渠道合作战略，并在济南、临沂、洛阳、南通、珠海、十堰等地建设了包括北方现代农业物流产业研究院、华东物流研究院、南方物流研究院等一大批合作机构，形成了覆盖全国的产业服务网络，社会关注度不断增强，学校的影响力也随之大幅提升。作为一所行业型特色鲜明的高等院校，为

了更好地体现和塑造行业服务优势就要更加充分地了解物流产业服务市场，更加广泛地介入物流产业服务市场，更加积极地参与物流产业服务市场，在局部领域争取能够在一定程度上引导市场，比如目前学校正在建设的智慧物流产业研究院在智慧物流领域就实现了这样的发展目标。

作为一所高等院校，人才培养永远是第一位的，最让高校引以为豪的就是学校的毕业生。学校的校友们发展得好，作为人才培养的基地，学校才是成功的。因此在研究院扩展服务对象的同时，也需要时刻关注校友，使其具有较强的归属感，形成校友资源库这一宝贵的财富。北京物资学院现有6000多名本科生，600多名老师，有几万名校友，由于专业特色突出，校友们大多工作在大物流、大流通领域，在不同的岗位以不同的形式影响着产业的发展。学校出于自身发展的需要，愿意并且也应有这样的责任将自身构建的优质资源与校友共享，为校友的发展提供助推的动力。目前学校已经开展了多种形式的探索，例如为校友企业建立培养订单班，为其定向培养人才；在研究院驻地为校友企业入驻项目向政府申请最优惠的条件；在学校的物流产业创新园为校友提供技术咨询，今后面向校友开展的工作会更加的丰富更加踏实和富有成效。

一所高等院校应该充分重视新型校友服务体系的构建，将校友的事业发展和学校的服务融为一体，明确以前曾经是学校的学生，但永远是学校的校友。在与校友的合作形式中，需要进行进一步积极的探索，提出更加优化的措施。例如以大物流、大流通产业为切入点，建立校友产业联盟型的组织，将学校与校友在大物流、大流通领域形成发展的合力，一方面使校友的背后有强大的支撑，另一方面学校的发展也将有几万名校友的共同努力和配合，那么学校的产业影响力也会提升，并会推动更多的项目实施。

目前社会对物流的关注度不断提升，近期开始的京津冀一体化进程也明确提出发展物流现代服务产业，可以说京津冀物流一体化发展为本区域内的政府、协会、企业和学校都提供了一个新的发展机遇。目前京津冀区域内物流发展已经遇到了一些客观因素的制约，在完成京津冀一体化重大战略时还需要进一步的探索和努力，需要专业人员帮助进行谋划。学校为此专门成立了京津冀一体化研究中心，与政府、协会建立了有效的合作机制。研究中心每年都会定期召开两次论坛，并将开展调研、政策咨询、产业推动等领域的工作；研究中心将积极邀请校友参加论坛，并成为研究中心的客座研究员，同时提供产业对接的服务，为工作在各个领域的校友提供共同参与合作的途径。

当下学校也期望适应新形势，不断推出创新性的工作思路并积极实施，学校也会和校友共同携手，共谋发展，成为中国政府、企业和协会的高端智库。

第五章　依托优势资源构建高校特色产业服务体系

北京物资学院是一所以物流和流通为特色，以经济学科为基础，以管理学科为主干，经、管、理、工、文、法等多学科协调发展的公办普通高等院校。北京物资学院 1980 年建校，先后隶属于国家物资总局、物资部、国内贸易部，1998 年 10 月划归北京市管理。学校拥有一大批高水平的教学、科研和社会服务高端平台，在行业领域具有较高的知名度和影响力。

为全面做好学校科技成果转化工作，学校从做好顶层设计入手，优化学校资源配置，提出了以机构建设为龙头、以多平台建设为基础、以全渠道建设为保障、以网络化资源构建为拓展的工作模式并加以推广。

一、创新顶层设计，以现代物流产业研究院机构建设为契机，构建学校科技成果转化和科技协同创新的新架构

（1）以现代物流产业研究院建设为龙头，构建学校科技成果转化和对外服务的窗口。学校与时俱进，2012 年 6 月在分析目前高等院校社会职能转变以及面临发展机遇期的外部环境下，改变学校现有组织结构，集中优势资源，在国内物流领域率先设立现代物流产业研究院这一服务平台，为学校科研转化服务提供全方位服务。同时学校将对外联络、沟通、服务职能也一并转入产业研究院，成为学校发挥对外社会服务功能的主渠道，并形成了良好的规模效应。

（2）依托产业研究院构建物流产业服务的“立交桥”，打通学校与社会交流渠道不畅的瓶颈，为教师开展产业合作开辟更加广泛的领域。学校依据开放办学的理念，以产业研究院为核心，构建产业服务资源云平台，形成可以为学校产业转化服务的优质资源池和高地。学校提出了与中关村科技园区、通州区政府、中国物流与采购联合会、全国商务系统和证券期货系统的“五大合作”等在内的五大战略合作框架，为学校对外合作提供了更加广阔的空间。产业研究院同时积极拓展了同美国运输与物流协会、德国商业协会等在的国际化产业合作，联合成立中美物流教育与研究中心、法国百优采购研究中心等机构，成为中外物流交流合作的枢纽，积极引导教师利用国际化资源成立联合项目组，开展面向企业的科技服务。

（3）发挥多平台优势，构建首都物流产业服务的高端基地。学校紧密围绕现代产业研究院建设发展需要，成立、重组、优化了现有的校内科研服务机构实体平台，构建了包括现代物流创新园、北京市物流系统与技术重点实验室、北京市物流工程技术中心、北京市现代物流研究基地、中关村智慧物流产业技术研究院、智能物流系统北京市重点实验室、中关村开放实验室等在内的，可以协助教师进行科技成果转化的多个平台，进行全产业链服务的综合型资源基地已经形成。

（4）以现代物流产业研究院建设为抓手，倡导开放合作办学的新战略，最大限度开放校园资源。学校将位于通州果园黄金区域的50亩教学用地直接规划设计为现代物流创新园和大学科技园，并积极投入超过200余万元的科研设备用于企业公共服务，使之成为产业集聚服务基地、教师科研成果孵化基地以及大学生创业创新培育基地。

（5）提高科技成果转化辐射范围，开展国内全方位布局，构建产业研究院网络化资源，形成了独具特色的“编筐、造势、织网”的科技服务新思路。为使学校开展科技服务有更加广阔的空间，产业研究院在国内不断优化布局，成立各类分支机构，形成覆盖全国的网络化资源平台，为教师拓展科技转化领域提供更加广泛的区域选择。学校目前已经与包括南通市、洛阳市、珠海市、秦皇岛市、山东科技厅、库车县等在内的多家政府机构合作，建立包括华东现代物流产业研究院、南方现代物流产业研究院等一系列创新协作平台。同时加大宣传力度，树立、强化学校在国内的影响力，形成具有较高影响力的品牌效应，构建、强化了教师开展科技转化服务的软实力平台。

二、以政策建设为基础，为成果转化和产业服务保驾护航

平台的建设势必需要有完备的政策作为保障和基础，为了促进学校的科技成果转化，从人、财、物等关键因素出发，制定了一系列完整的促进政策，既提高了教师的参与积极性，又规范了相关的行为，为成果转化和产业服务起到了推动促进和保驾护航的双重作用。

(1) 全面制定并实施“一来二去”政策，推动学校深层次合作，形成学校联系产业的纽带。“一来”就是邀请企业家、专家、政府官员来校担任研究生兼职导师、兼职教授带学生开讲座；“二去”就是组织青年教师到企业和政府挂职锻炼，组织学生走进企业调研实习。在政策措施上，专门制定了《教师赴企业挂职锻炼暂行办法》，为教师挂职提供了政策保障，挂职期间学校在生活方面给予适当补助，并可以根据企业需要适当调整上课时间，同时也加大了挂职人员的宣传表彰力度；学校还将挂职作为教师职称晋升的必要条件，使企业服务成为教师评定的指标。

(2) 政策系统支持，深度挖掘学校资源的市场价值。对可经营性资产进行梳理分类，挖掘专利等无形资产的市场价值，对具有潜在市场价值的科技成果，鼓励联合校外企业进行成果转化，学校给予一定辅助。

(3) 政策倾斜，建设多种形式的科研平台。整合校内外相关产业资源，围绕服务的特色物流领域建设多种形式的协同创新中心，不拘泥于以学校为核心，而是探索“学校+社会”的多核模式，以资源优化配置为目

标，创造良好的产业服务环境，实现政产学研用的深度融合，进一步提升学校的创新能力与服务能力。

物流和流通是学校在长期发展历史过程中积累的特色领域，依托这一优势资源会进一步拓展服务社会的渠道，形成卓有成效的服务体系。

第五篇

物流产业领域人才培养研究篇

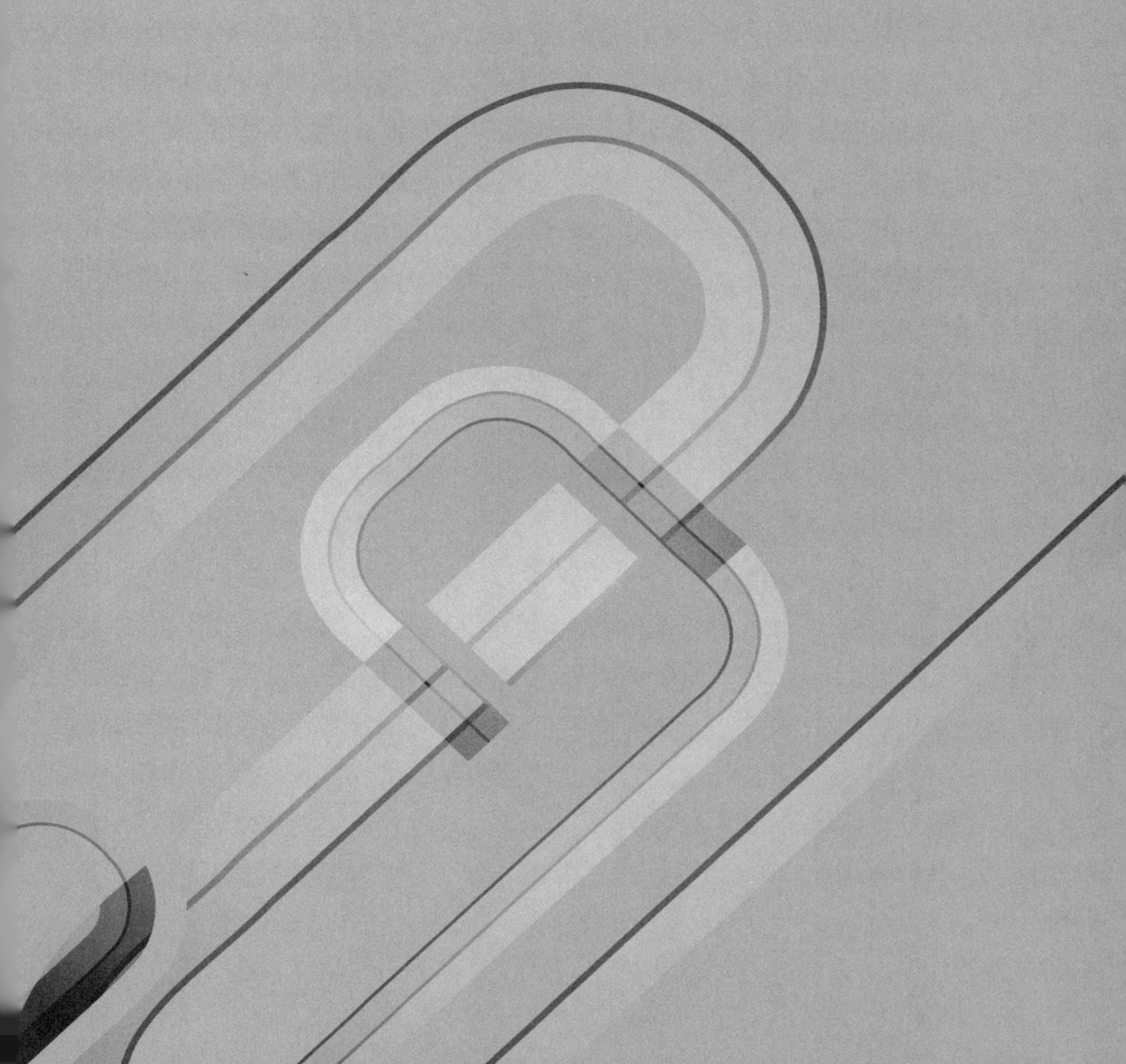

第一章　我国物流项目管理人才需求分析

项目管理是管理类专业中需求比较旺盛的一个专业，特别是在一些经济比较发达的省份和城市，该类人才的需求量更大，已经成为管理类人才需求的热点。目前我国已经制订了国家的中长期发展规划，按照此规划在未来相当长一段时间内，国内的投资建设规模还会继续增加，以交通系统建设为例，到2020年我国将投入上万亿元进行交通运输基础设施的建设，项目建设将成为未来相当长一段时间的关键工程，对人才的需求会进一步加大。

一、物流领域成为项目管理专业人才需求的新增长点

值得注意的是，物流领域的项目管理需求在不断增加，已经成为项目管理的重要组成部分。目前我国物流产业发展已经上升为国家战略，物流产业已经成为国民经济的重要战略支撑产业，推动着制造业等相关产业的迅速发展。2013年1—10月，全国社会物流总额163.3万亿元，按可比价格计算，增长9.6%，成为经济发展与结构转型的新引擎。

目前我国已经明确将物流列为国家的战略支撑产业，并做出了一系列战略部署。党的十八届三中全会制定了“中共中央关于全面深化改革若干重大问题的决定”，对物流产业的发展起到了更好的指导作用。其中“构建开放型经济新体制”中明确指出“推进服务业领域有序开放，放开商贸物流、电子商务等服务业领域外资准入限制，进一步放开一般制造业；加快海关特殊监管区域整合优化。”同时应“扩大内陆沿边开放；抓住全球

产业重新布局机遇，推动内陆贸易、投资、技术创新协调发展；创新加工贸易模式，形成有利于推动内陆产业集群发展的体制机制；支持内陆城市增开国际客货运航线，发展多式联运，形成横贯东中西、联结南北方对外经济走廊；推动内陆同沿海沿边通关协作，实现口岸管理相关部门信息互换、监管互认、执法互助。”会议同时提出要“加快沿边开放步伐，允许沿边重点口岸、边境城市、经济合作区在人员往来、加工物流等方面实行特殊方式和政策；建立开发性金融机构，加快同周边国家和区域基础设施互联互通建设，推进丝绸之路经济带、海上丝绸之路建设，形成全方位开放新格局。”

在新的发展规划中物流将成为国民经济发展中的重要支撑力量。我国现代物流产业发展处于战略转型发展期，物流领域已经成为持续的投资热点。虽然我国物流产业规模巨大，但由于各种发展因素的制约，我国传统物流产业迫切需要升级改造，产业发展空间巨大。与国外物流产业高度发达相比，我国物流费用占 GDP 的比例高于发达国家一倍以上，效率水平仍然偏低，特别是以现代信息技术应用为代表的智慧物流领域差距较大，缺乏有效降低物流成本、提升物流服务水平的手段，严重制约了现代物流业服务水平的提升。

我国物流产业整体水平还有待提升，已经不能适应目前高速发展的国民经济发展需要，成为产业发展升级的重要掣肘。未来物流领域将通过大范围的产业提升和投资计划改变这种现状，特别是对包括城市物流、物流园区、配送中心等在内的多层次物流节点进行大规模的物流项目建设。

国家发展与改革委员会等牵头制定了我国节点城市的主要规划布局，并设定了具体的建设内容，未来将形成新一轮的物流城市建设高潮，形成物流投资的新高峰。目前全国物流节点城市分为全国性物流节点城市、区域性物流节点城市和地区性物流节点城市。全国性和区域性物流节点城市由国家确定，地区性物流节点城市由地方确定。未来以物流节点城市为中心将形成覆盖全国的物流网络体系，物流节点城市将根据本地的产业特点、发展水平、设施状况、市场需求、功能定位等，完善城市物流设施，加强物流基础设施建设，优化城市交通、生态环境，促进产业集聚，努力提高城市的物流服务水平，带动周边所辐射区域物流业的发展，形成全国性、区域性和地区性物流中心和三级物流节点城市网络，促进大、中、小城市物流业的协调发展。

在物流系统建设过程中将进一步提升物流园区的地位，完善物流园区规划布局，建设一大批具有代表性的物流园区项目，带动物流产业升级发展。根据《中华人民共和国国民经济和社会发展第十二个五年规划纲要》《国务院办公厅关于印发促进物流业健康发展政策措施的意见》，为促进我国物流园区健康有序发展，国家已经制订了物流园区规划。据中国物流与采购联合会第三次全国物流园区调查，2012 年全国共有各类物流园区 754 个，其中已经运营的 348 个，在建和规划中的分别为 241 个和 165 个，物流园区的大量兴建将成为物流项目的投资新热点。

未来以配送中心为代表的物流中心将成为物流系统的基础节点，包括生产型配送中心、商贸型配送中心以及存储型配送中心等在内的多种配送中心将得到进一步跨越式发展。目前我国已有配送中心数量接近 1 万个，并以每年超过 10% 的速度增长，配送中心建设项目已经成为物流产业重要的发展增长点。

企业物流项目建设已经成为推动物流产业发展的新动力，并成为物流项目实施的重要主体。根据相关行业协会和组织统计，物流行业中企业的投入额度将达到 2 万亿元以上，阿里巴巴集团物流地产总投资规模将超过 3000 亿元，构建包括菜鸟网等在内的物流平台，以此为基础将会产生大量的投资类物流项目。包括京东商城、苏宁云商等在内的电子商务企业也在大力推动物流建设，在推动 1000 亿元以上的物流项目。以强劲的产业需求为基础，物流产业领域的项目管理人才需求也会持续放大，按照目前物流产业的发展速度，人才需求规模会进一步增长。

二、现有的项目管理人才需要增加物流特色领域人才培养

目前我国的项目管理人才培养已经具有了很好的基础，从目前提供的专业培养方案来看，并没有院校直接将以城市物流系统项目、物流园区项目、配送中心项目以及企业物流项目等在内的管理作为主要的专业培养方向。在此种条件下物流项目管理的人才培养，特别是具有综合型能力的高端人才培养具有一定的局限性，并不能完全满足人才需要，该类人才被列入十大紧缺人才序列，特别是能够从事物流项目管理的高端人才更是匮乏。

专业人才的匮乏直接制约了我国物流项目管理水平的提升，已经成为物流产业服务水平提升的主要制约因素。以物流园区为例，全国有大量的物流园区项目进展不顺利，主要原因是缺乏必要的专业人才进行合理的规划，对物流领域产业交叉互融的特点把握不足，项目定位、规划以及实施缺乏系统性；在配送中心项目执行过程中没有注重配送中心等设施的特殊性，单纯地强调建筑设计，不能很好地与配送中心实际运作结合，造成了资源不能有效利用。

三、高层次物流项目管理人才能力需求分析

结合我国的物流项目管理实际，高层次的物流项目管理人才应是致力于培养面向工程实践、熟悉市场经济规律、精通物流项目管理流程与规则、熟悉国际项目运作规则，对不同领域、不同规模的项目能够进行全生命周期内的有效管理，能独立从事物流项目策划与评估、项目融资、项目计划、项目组织、项目实施与控制、项目风险管理、项目人力资源与沟通管理等的高层次、实用型、复合型、国际化人才。该类人才应掌握所从事工程领域，特别是物流项目管理领域的坚实的基础理论和宽广的专业知识，具备解决物流工程问题的先进技术方法和现代技术手段；应具有创新意识和独立担负物

流工程技术或工程管理工作的能力，熟悉物流项目的基本特点以及管理模式，能够综合应用社会科学、经济管理和相关法律知识，结合工程技术的手段和方法，解决工程项目实践中，特别是物流项目中面临的管理问题。

第二章 物流行业在线教育的思考

物流行业是目前人才需求非常旺盛的领域，物流人才的培养受到越来越多的重视，基于互联网的在线教育也在逐步展开，如何更好地发挥在线教育的优势成为该领域的热点问题。

首先应该客观地认识在线教育的优势。采用该种形式可以利用信息扩展成本低的特点，在培训过程中充分地利用碎片化的时间，形成无时不在、无处不在的网络化、平台化教育模式。

为了更好地推动物流行业在线教育的发展，应注重以下几个方面的问题。

一、以专业学习为基础，构建满足行业内人员多元化活动和需求的社区

在线教育突出专业学习是核心，但是知识获取渠道的不断扩展要求在线教育增加使用用户的黏性，以便获得更多的关注，因此在某种程度上打造满足学习者多种需求的网上虚拟综合社区就显得更加关键，未来单纯的学习网站将建设形成物流知识的网上聚集区、学习人员的互动区和具有一定场景的沉浸式教育活动区，并能够提供交友、就业，甚至是人力资源交流等方面的综合型业务。

二、开展在线教育应重视融合 O2O 模式

在线学习是一种学习方式，这种方式需要被人们的学习习惯所接受，

因此单纯地利用网络教学模式还不够，必须合理地利用课堂、实验室、企业等线下实体资源，形成线上和线下资源互动的学习模式，既可以盘活现在的教育资源存量，又可以产生新的增量。以学校为例，在线教育要提高对学校的关注度，因为学校是该类服务的市场聚集区。学校有丰富的师资、实验室等资源，在线教育不但可以利用翻转课堂等形式为学生服务，同时可以让周边一定区域范围内的人员也在学校进行适当的集中，开展互补式的教学活动，充分发挥O2O模式的优势。

三、把握教学内容的系统性和有效性

物流产业领域包罗万象，人才需求具有鲜明的分类性特色。建议采用“通用+专用+特色”的方式构建教学内容体系。其中通识性的知识主要是实现一般性的物流常识介绍，也是初学者的必要知识储备来源，其内容可以更加宽泛，对于网站也可以起到引流作用。对于专用型内容，则需要按照具体的物流功能或者岗位等进行分类，形成明确的关注点，方便学习者进行选择和提高。对于特色型内容主要是在线教育的核心竞争能力培养，例如对于某企业客户的知识体系定制服务。教育要创造价值，对于在线学习，可以实现“产业+区域+岗位”的多层次覆盖。其中对于产业需求可以采用“先聚类、后分类”的方法，形成系统的知识体系后进行必要的模块化整理，并进行适当的跨界融合，从而满足不同层面的要求。

四、在线学习运作中的一些关键问题需要进一步明确

一些核心问题是否能够解决是决定在线教育特别是付费型在线教育的关键点。知识是客观存在的，但是知识的价值评价具有主观性，在运行模式的优化过程中，关键是知识的价值货币化。对于企业的培训项目，以专业的评估为基础完成，但是对于海量的在线教育市场，知识评估则显得更加困难，建议进行科学的标准化和分类化，也可以结合采用知识提供者定价的方法。

五、开展个性化的服务，凸显在线优势

在线教育可以注重问题导向，将常态的碎片化转为规模化的知识体系，关键是做好客户的学习习惯转变，注重个人的成长轨迹设定，实现“精准定位 + 知识串联”，以模块化知识和服务为基础，形成差异化的组合，满足个性化的需要。

未来在线教育随着互联网时代的到来会不断发展，但是新型教学模式的转变需要时间、技术、模式的多层面推动，未来专业教育体系的构建将呈现更加多样化的特征，发挥其优势，更好地使用行业特征，将会为物流产业的发展提供源源不断的智力支持，破解人才需求的瓶颈，提高物流服务水平。

第三章　基于互联网思维的物流专业教育资源库建设模式研究

目前物流专业教学的发展已经进入了新的阶段，对专业人才培养所需要的资源也在不断地扩展，单一地依靠教材等资源开展教学工作已经显得比较单薄，为了给多元化的教学方法和教学内容提供足够的支撑，需要充分利用现代物流技术的发展成果，构建强大的教学服务体系，其中物流专业教育资源库就是重要的支撑基础。

《教育大辞典》对教学资源内涵的解释为“通常指为保证教育活动正常进行而使用的人力、财力、物力的总和”。目前，我国已制定了《教育资源建设技术规范》和《国家现代远程教育资源库资源建设规范》，对教育资源的建设做出了明确的规定。《教育资源建设技术规范》中将常见资源类型划分为媒体素材、试题库、试卷、案例、课件与网络课件、常见问题解答、资源目录索引、网络课程，常见教学资源库一般也是以素材类型分类的，如优秀教案库、案例素材库、相关试题库、专业图片库、专业视频动画库等。相关领域的学者对此也进行了较多的研究，着重提出网络的出现、自媒体的流行和远程教育的发展等新情况的出现，使得教学资源并不局限于人力、物力和财力三个方面，教学资源的外延变得更为宽泛和多样，通常是指各类教学资源的总汇，也包括依托现代技术产生的一些教育新模式和教学方法。

一、传统的教学资源库建设遇到一定的瓶颈

在教师开展教学过程中，以往基本的教学用资料主要是依靠教学大

纲、教材、讲义以及板书等资料，随着现代信息技术特别是多媒体技术的发展，教学资源库建设进入了一个新的阶段，以电子幻灯片为主，配合视频等形式开展教学过程。从国外引入的案例教学等形式也同样需要文字资料等形式作为教学资源，因此教学资源形成了明显的多元化趋势，并成为直接影响教学效果的核心要素。

以往受到各种条件的制约，教师获得教学资源的渠道比较单一，在自我创作的基础上，主要是通过参加各类课题、学术交流活动以及各种类型的实践活动获得，但是在以网络为核心的现代信息技术发展之后，信息获得渠道变得更加便捷，对教师了解资源、获得资源、改造资源都提供了新的方式，一个比较明显的表现就是教师组织幻灯片资料的难度降低了，但是在享受便捷的同时在教学过程中也出现了一个新的问题，那就是获得教学资源的途径变得透明化和大众化，因为网络获得资源的条件是公开的，成本是低廉的，被教育对象有着和教育工作者同样的获得条件，在教学过程中教师的案例很可能不再是其独自占有，被教育对象可以非常轻松地获得相关的资料，使得教学内容在组织上有被动性，教学内容的新鲜度下降，在很大程度上影响了教学的效果。

传统模式下教师获得教学资源的路径如图 5－3－1 所示。

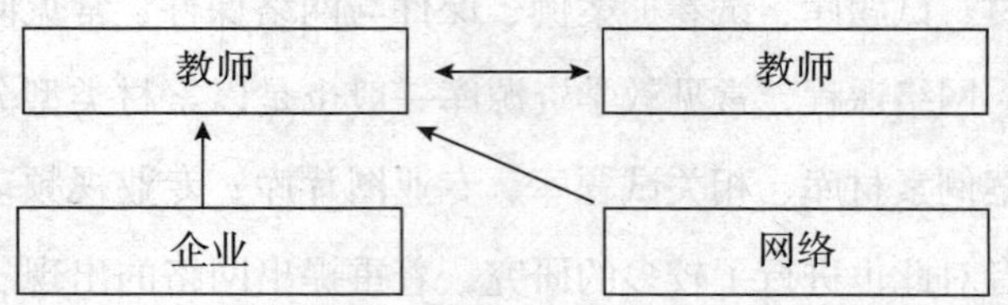

图 5－3－1　传统模式下教师获得教学资源的路径

在传统驱动局限性增强而新兴渠道透明的条件下，需要对教学资源库的建设进行新的定位，应该基于互联网思维对物流专业教育资源库建设模式进行重新梳理，提出更具竞争力的模式，同时也应该从一些新的视角考虑问题，扩展教学资源的外延，对教学资源的表现形式进行多样性的扩展，在更加广泛的范围内进行资源的组织和利用，甚至直接通过现代网络技术直接调用包括软件和硬件在内的一些外部资源，为教学活动的组织提供了更多的选择。

二、基于互联网思维的业务模式设计

互联网思维是目前的热点问题，有人将其定位为“在（移动）互联网、大数据、云计算等科技不断发展的背景下，对市场、对用户、对产品、对企业价值链乃至对整个商业生态进行重新审视的思考方式。”目前互联网思维已经成为改造原有业态的重要手段，并成为新模式推广应用的重要方法，在以现代信息技术为代表的技术推动上，形成了资源整合的新模式，并已经开始在教学领域应用。

目前我国的物流专业资源库建设才刚刚起步，从各个院校的需求就可以看出，教学资源库的建设是近年来不断兴起的热点。目前提供教学资源库的公司也在不断地增加，该行业的特点决定了目前的模式选择。

首先是现有的负责资源开发、整合的供应商能力不足。现在很多该类企业是从原有的实验室建设提供商转化而来的，使原有的市场具有一定的局限性，可以将这些公司的服务范围进行一定的扩展，但是从业的人员大多是非教学领域的，这就出现了一个问题，目前技术力量得不到完全保证的公司主体为需求最高端的高等院校提供技术产品，导致产品的水平不足，不能完全满足教师的使用需求。同时学生的学习环境也发生了较大的转变，以泛在学习为代表的一些新兴教学需要对高校教育环境建设提出了更高的要求。泛在学习是将计算机领域的泛在计算用于教育领域而产生的一个概念，将泛在计算引入教育领域，旨在泛在计算的基础上学习者可以在任何时刻、任何地方获取到自己所需要的任何信息。泛在学习的理念是可以使学习者根据自己的学习意愿和学习要求，积极主动、随时随地、非常容易地获取到相应的教育资源，而目前教学资源库的建设速度和强度很难满足学生的需求。

目前通过学校的资源配置手段，教学服务市场进一步向专业化和集中化发展，规模化的需求逐步体现。在教学资源的配置上，以前教师属于典型的“作坊式”个体经营模式，往往通过教学改革项目进行解决，而目前教学资源的建设主体在上升为学校层面后，在资金等方面的支持力度已经加大，开辟了新的渠道，使得原来碎片化的需求转变为具有较强的集中化趋势，在众多高校都采取这种模式后，这种需求的规模化也得到了进一步的扩展。在需求集中的条件下，为教学资源库的建设提供了一种新的模式选择，即基于互联网思维的多主体平台化建设模式。教师是教学过程的主导者，对教学过程有着清晰的把握，对专业知识有着深入的了解，并在实践过程中不断地完成这项工作，理所应当地应该成为教学资源库的直接建设者和受益者。以往由于技术条件受限，教师之间交流教学资源基本都是走访式的，点对点的，效果是较为低下的，关键是交换资料的范围具有很大的局限性。而在以信息技术为代表的现代教育技术发展之后，为资源的重新整合以及优化配置提供了更加广阔的途径，可以为教师提供一种非资产并购式的平台模式，将碎片化的教师掌握的教学资源进行梳理，形成一种“我为人人，人人为我，共享交互，按劳付费”的新模式。该模式下首先应该由行业的领军企业或者具有广泛影响力的协会等牵头成立教学资源库建设的实体平台。该平台应该具备以下几项基本功能。

首先是资源的收集以及展示能力。资源汇集是平台的关键基础，一个良好的平台应该有充分的实体和逻辑空间用于资源的集成，同时为了后续的业务开展应能够形成教师资料的溯源式汇集，建立资源版权所有者的资料库。这种汇集将保障平台有足够的支撑，提供的内容可以包括物流专业教学领域的方方面面，甚至将硬件资源虚拟化放置到该平台上，采用远程调用展示的方式形成教学资源。通过多种方式的深层次融合，可以在最短的时间内形成资源汇集池，为后期的资源利用业务开发提供强有力的支撑。

在获得资源之后，后续的工作是对资源的有效梳理和利用。平台将成为教学资源库的展示、体验、推介和共享的综合服务提供者。首先是平台将把上传的教师资源按照一定的规则进行系统梳理，便于后续的查询等操作。平台服务的运营商在将平台资源系统梳理、优化、包装后推向市场，让教学资源的购置方进行用户体验，寻求教学中的结合点，如果能够形成交易的意向则可以直接向平台运营商付费，并由运营商按照成熟的商业作业模式进行利益分割。使用该资源的学校越多，开发教师就有可能获得更多的利润，使教师有更多的时间进行核心工作，激发教师的斗志，创造更多的社会增加价值。社会的企业、协会等资源也可以按照这种业务的模式加入到这一体系中来，形成更加广泛的资源池基础。

图 5－3－2 为依托平台的教学资源库构建模式。

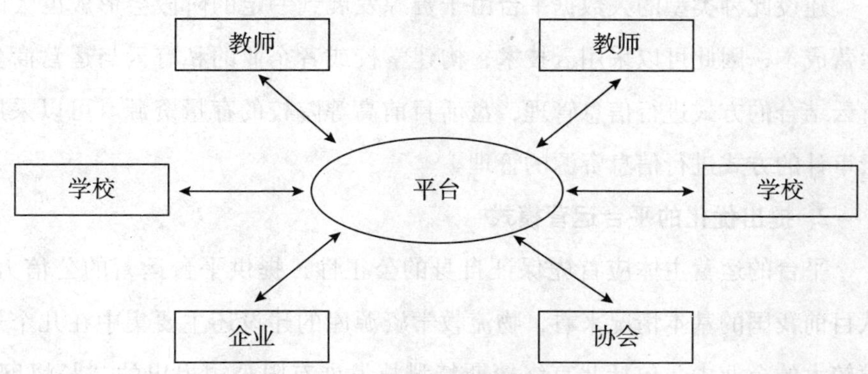

图 5－3－2　依托平台的教学资源库构建模式

在此模式下包括教师、企业以及协会等多个主体都会参加到这样的组织中来建立该平台，并将自身具备的资源通过平台进行展示。作为平台消费的主体，“学校”是平台资源的购买者，将会有更多的选择进行教学资源库的建设，为推动学校的物流专业教学提供更加有力的支撑。

三、平台服务的关键推动措施分析

为了更好地利用互联网思维建设物流教学资源库平台需要从技术、管理等多个方面着手，形成良好的平台生态圈。

1. **形成具有较高信用等级的可追溯资源管理体系**

从目前的技术发展来看，基于网络的信用等级建设在不断地强化，并且出现了各种关键的技术管理手段。基于平台的运作模式要对提供教学资源的教师、企业以及协会等提出具有较高可信度的信息管理方案，提供必要的产权保护形式，对于信息的存储、使用、编辑等都能够采用可追溯的管理方式。从版权人的角度来看，教学数据库使用了版权人的作品，这些数字化的作品在教学的使用过程中一定不能使版权人丧失对作品的复制权及传播权的控制，要牢固地树立对参与开发人员知识成果的尊重理念。

建设此种类型的大数据平台由于资源发展到一定的阶段会形成巨大的运营成本，因此可以采用云技术，构建学校或者企业的私有云与运营商公有云结合的方式进行信息管理，盘活目前高等院校的存量资源。可以采用云审计的方式进行信息资源的管理。

2. **提出优化的平台运营模式**

平台的运营主体应首先保证自身的公正性，提供平台运营的公信力。从目前我国的基本情况来看，物流教学资源库的建设还主要集中在几个规模较大的企业中，包括北京络捷斯特科技发展有限公司提出的“长风网”模式。考虑到将来平台运用必然需要盈利，并可持续发展，建议还是由企业进行运营，多家企业构建多个平台，形成竞争性的环境也是一种良好的运用模式。平台可以通过资源的利用程度为资源的提供主体进行补偿，为其创造更多更好的教学资源提供有力支持，形成多方互动的共赢发展模式。

3. **辅助建立教学资源的有效利用模式**

单纯的教学资源库并不能直接形成良好的教学效果，应该建立起面向教学过程的教学资源库利用模式。每个教师对教学过程的把握不同，教学的特点不同，这也迎合了目前多样化的教育需求，避免千篇一律的教学模式。对于教育内容的开发应该形成典型的以模块化为基础的定制化，即提供丰富的教学基础资源库，形成可以满足各种教学需要的模块化素材库，由教学活动的实际组织者进行针对性的定制加工，形成通用与专用的完美结合，构建“通用+专用+特色”的教学体系。

为了实现资源的有效利用，应侧重对系统的功能管理，实现教学资源库中教学资源的积累、使用、共享、分析与评价等功能的一体化，将包括资源采集、资源验证、资源上传、资源入库、资源检索、资源浏览、资源下载等在内的各种服务做好，便于用户使用。例如提供各类增值型的信息服务，对获得的库内资源进行梳理，依托数据发掘技术等提供对各类关键词汇的垂直搜索功能，实现资源的高效利用。

4. 进行有效的资源扩展，依托强大的硬件基础平台构建情景式教学环境，实现虚拟与现实的深度融合

在教学资源的使用上，以硬件资源的购置所占的比重最大，其技术更新的难度也最高，利用率也较难达到较为理想的状态。没有强大的教学内容作为支撑，在一般的教学实验室中单一的物流装备并不能有效地形成真实的教学环境。为了解决这一问题可以基于互联网思维，将具有一定条件的硬件资源利用现代网络技术进行链接，基于远程控制技术形成虚拟的硬件平台，跨越时空的界限。在教学组织过程中可以利用远程终端设备灵活地操作设备，并通过网络视频设备将硬件的操作可视化，满足学生的实践教学需求。该方案非常适合现有实验室条件具有一定的局限性的院校，特别是一些大型的物流装备，例如自动化立体仓库、激光导引 AGV 等缺乏的院校；通过技术应用可以让学生身临其境操作上述设备，从而达到与工厂实际情况一致的真实性体验，实现虚拟与现实的融合统一。在此种模式下，将会使已经建设成功的大型实验系统以及部分存量的企业设备资源得到一定的利用，为物流专业教学资源库的建设提供更加有效的支撑，并将形成一种新型的“线上+线下”的设备利用模式，通过这种模式，还可以最大程度地利用不同区域内丰富的线下人员资源，对线上的学习提供有力的保障。

5. **转变教学资源的使用理念，为平台式的物流专业教育资源库建设提供保障**

互联网思维模式是当今技术条件发展到一定阶段的产物，已经成为当今社会的一个主流发展趋势，这种理念虽然不能完全改变既有的教学架构体系，但是也会带来较大的冲击，特别是在实验室建设这种对资金、场地、人员等都具有较高要求的领域。推动这种模式的发展，首先是决策者、使用者等要更新自己的理念，将这种思维模式直接应用到自身的工作中来。对于学校的决策者而言，首先应该改变对教学资源的占有形式，例如对针对物流装备提出的新型的“线上＋线下”的设备利用模式应该有一种包容的态度，在固定资产的政策上要有“软资源”的管理模式与之匹配。对教学资源的开发人员应该有足够的尊重，即便是购置本校教师开发的资源也应该有足够的认同。对于教学过程的掌控者教师而言，首先应对使用教学资源库有足够的重视，在信息咨询高度发达的时代，单纯地依靠自身力量已经不足以实现对“巨资源”的有效发掘，因此基于互联网思维的资源使用模式可以使教师更加专注于自身擅长领域的资源建设，通过有效的资源交互模式形成可持续的发展模式。学校从战略角度出发，要积极鼓励教师参与此类平台的建设，树立“资源互操作”的理念，实现学校资源和社会资源的双向传输，体现学校办学的开放性理念。

6. **明确教学资源库的标准**

专业教学资源库的建设是一个复杂而庞大的工程，目前高校教学资源库大多由学校独立建设，此种模式保证了资源的特色，但是也会阻碍资源库的共享。基于平台模式的资源库构建标准，参与的主体更加多样，要保障资源的广泛利用，必须做好标准化，其目的在于统一开发者的开发行为。目前国家相关的标准规定了所开发资源的制作要求、管理系统的功能要求，并不规定软件系统的数据结构，具体来讲主要规定了四个方面的内容：一是规定了资源开发的最低技术要求；二是对用户常用的素材进行了分类，并以国内颁布的元数据模型及 IEEE 的 LOM 模型为参考依据，对素材需要标注的属性（如数据类型、编写类型等）进行了规范，并为体现不同教育资源的具体特色设置了特色属性；三是提出了教学资源的相关评价标准，为用户筛选资源提供参考依据；四是规定了管理教育资源相关素材的系统体系结构及其所应具备的基本功能。在上述标准的基础上，平台可以更加侧重制作转换的标准，例如规定视频模式的转化标准，实现用户和平台资源的双向自由交流，真正实现用户与平台之间无缝式连接，降低开发者的技术要求，并满足用户的多元化需求。对于用于进行远程教学的实验设备也应该采用符合国家标准的技术，使得这种模式更加具有代表性。

目前高等院校的教学模式已经开启了购买服务的时代，为基于互联网思维的教学资源库建设提供了良好的外部环境，在转变资源配置模式的基础上，积极地进行教学资源库建设模式的转变，可以实现资源的集约化利用，满足新时代的专业教学需要。

第四章　多元教学模式联动，推动物流管理专业成人教育发展

物流产业目前是国家确立的先导型和支撑型产业，已经成为现代服务业的重要组成部分，国家新出台了物流业发展中长期规划（2014—2020年）以下简称《规划》，明确了重点发展物流业的国家战略。物流业已经成为融合运输、仓储、货代、信息等产业的复合型服务业，对人才的需要巨大，因此《规划》中明确指出要“加强物流领域理论研究，完善我国现代物流业理论体系，积极推进产学研用结合。着力完善物流学科体系和专业人才培养体系，以提高实践能力为重点，按照现代职业教育体系建设要求，探索形成高等学校、中等职业学校与有关部门、科研院所、行业协会和企业联合培养人才的新模式。完善在职人员培训体系，鼓励培养物流业高层次经营管理人才，积极开展职业培训，提高物流业从业人员业务素质。”

从国家到地方，从协会到企业，目前都对物流人才培养给予了充分重视，但是整个行业仍然面临人才缺乏的问题。从人才培养的渠道来看，成人教育具有广阔的发展前景。从年龄结构上看，由于物流属于典型的新兴产业，以前物流产业的从业人员普遍需要专业提升，目前国内的物流产业发展在不断地升级转型，需要对现有的人员进行提升教育，教育市场前景广泛。但是由于目前成人教育办学模式相对比较僵化，得不到应有的重视，还是以传统的课堂式灌输为主，导致整个面向产业的成人教育体系发展滞后，培养的人才不能被社会很好地接纳，使得成人教育不能发挥应有

的作用。

为了更好地发挥成人教育的优势，首先要抓住核心问题，不断引入新的教学理念，推动多种教学模式的融合应用，形成符合成人教育的专业人才培养体系。针对物流专业人才的培养特点，可以建立融合课堂、实验室、企业等教学资源为一体的新教学模式，将新的教学理念引入，推动多元教学模式联动。

尽可能利用“线上 + 线下”的模式提高学习效率。接受成人教育的学生大部分都有工作，而且很多组建了家庭，周一到周五上班，周末要照顾家庭，因此学习负担相比在校大学生要重，应该尽可能将教学内容网络化，利用智能终端的形式将知识信息化，形成以教学内容多种方式展现为基础、以多形式教学资源为支撑、以“名师课堂 + 企业场景”为特色的网上课堂，形成新的教学体验环境。在这种模式下使学生尽量利用碎片化的时间、变化的地点学习基础知识，对于基础知识的教学安排形式应采用微课模式，强化关键点教学，切记空泛无物，应将企业实际应用的视频场景与教师的理论教学直接结合，理论联系实际，使得成人能够结合岗位的需求更加直观地获得提高。

针对成人教育岗位化的特点，应该对教学内容进行更加细致的分类和聚类。依托多种类型的教学资源库，学生可以在完成基本教学模块要求的基础上，选择扩展的教学内容。在充分发挥学生自主学习的基础上，教师可以利用“线上和线下”两种形式进行介入，线上是不定期的答疑解惑，线下是翻转课堂的讨论，形成成人学员喜闻乐见的沙龙模式，让学生真正融汇于教师设定的教学环节之中。

对于学生的考核不应局限在单纯闭卷考试的形式上，更应以一种开放的姿态面对多元化的提升要求，应符合学院的特点，所工作企业的项目计划书、企业技术革新计划、专业化案例、专业领域的调研报告等都可以作为课程的评价主体，并采用细分的评价标准。学习的最终目的是应用，特别是岗位化比较明显的成人教育学员。对于教师的考核也要进一步放开，走多元化之路；传统的课时量考核理念和方法也应逐步更新，采用教学资源库建设、在线交流、项目参与等多种形式，否则作为实施教学任务的主导不改变，没有相应的动力，所有预定的教学计划无法推动。

对于教学内容的设置建议进行进一步优化，结合物流产业的发展特点，不断地增加前沿物流发展介绍、跨境电商、电子商务物流等课程，并在课程建设上形成专题性的物流现场精益管理等方面的内容，学以致用。为了达到这种教学目的，应大力培养教师能力，尽量将教师多元化，建立“学校 + 企业”的教学资源结构，并对一门课程进行分解，实现多人参与的教学模式，避免学校教学资源不足而影响教学效果。

教育需要投入，要想实现成人教育的跨越式发展，首先政府应该发挥主导作用，对于投入要统筹考虑，实现学校、行业、企业资金的合力，对于有条件的企业、有条件的地区可以采取定向培养的方式，将国家投入和企业投入进行有机地组合配置；对于教学资金的筹措不应单纯地只是教学主管部门，否则在低学费模式下只有低层次的教学水平与之对应，成人教育的发展会受到很大的制约。

一个产业的发展需要人才的推动，人才的培养需要多方合作才能见到成效。现代网络技术的发展使得通信成本急剧下降，为开展多种形式的教学模式探索提供了可能，“互联网 + ”为新理念的引入指明了方向。发展的社会不可能和僵化的体系兼容，物流管理专业的成人教育也一样不可能一成不变，对于参与主体的多元化介入，对于多种教学模式的丰富都应该持开放、兼容的态度，使得学校、企业、社会、个人的利益都得到充分的体现。未来多元教学模式联动，推动物流管理成人教育发展将成为一种趋势，也会更好地发挥作用。

第五章　依托服务外包模式构建物流实践教学体系

现代物流专业教育背景发生了较大的变化，主要表现为现代物流教学的生态环境发生转变，社会对人才的需求变得更加急迫，学业与岗位之间的距离逐渐缩短，企业并不愿意花更多的时间在企业内部培养人才，学生成长周期在压缩，适应岗位的能力要求更强，对目前高等院校人才培养定位也提出了新的要求。对于以应用型人才培养为主的高校面临的挑战更为艰巨，应该考虑学校的教学体系与企业社会全面对接的问题，需要在分析双方时间、地点、任务等差异化的基础上创新教学模式。

根据目前产业人才需求的总量和结构，需要学校在自身定位方面进行转变，在保持适当前瞻性，以教育发展带动产业发展的基础上，最大程度地迎合企业需求。同时对学生定位也需要改变，每年全国本科层面上万名毕业生需要客观的评价自身能力和企业需求之间的对应关系。企业并非不愿意接受，而是要求其能力与岗位相适应，由于历史、文化等原因，企业对人才的培养认识也有一个变化的过程，目前很多企业更愿意直接对应岗位需求选择直接具备能力的人才，而不愿意与学校对接，社会的其他企业反而成为其人力资源的培养基地，形成了分层次的社会培养体系。这样的结构更加使本科学生无法直接进入相应的领导岗位，在初次就业时必须进入所谓的“低层次”就业岗位，时间、薪金以及企业发展等方面的不确定性导致学生的心态转变，不愿意完成这一职业发展培育阶段，使学生、学校和企业之间形成了一定的对立关系。

目前高等院校的物流专业本科教学体系是经过长期的历史积淀形成的，自我封闭的意识比较强，在完全以学校为核心的教学体系中，以教师和教学管理部门为核心的教育资源需要重新进行配置，否则一些固有的问题无法得到解决。

重构本科专业教学培养体系需要建立全方位培养学生的教学辅导体系，针对学生需求，建立学业、就业、学科乃至创业多层次的辅导架构。并且对于本科毕业计划进入企业的学生需要有针对性地对教学体系进行优化设计。

首先，师资力量的重构。教学活动主要由教师完成，学生的职业能力培养需要教师首先职业化，学校必须从多个层面架设教师接触产业的通道，让教师能够确实接地气，而不是单纯地设立获得职业资格证书门槛。对于课程体系的重构需要对接企业的运作需求，从企业角度梳理人才知识需求结构，并重视课程内容的开发。对教学管理体系的重构需要适应多层次的教学管理需求，将多种形式的教学内容和手段纳入到标准化的教学管理中来，特别是教师工作量的评定等，使之具有良好的政策保证。应着力建立开放灵活的管理体系，使学分获取的渠道多样化。

其次，应针对教学环境的变化建立社会资源的引入长效机制。学校和企业之间需要从合作建设工程研发中心、大学生创业孵化、大学生科技园等形式的服务基础上进行进一步的扩展，因为上述形式更加倾向于培养学术精英学生，对面向企业需求的学生适应性有待提升。针对物流产业的特色，开展物流服务外包将是一个较好的选择，通过学校建立实景式的实体物流服务设施和设备作为实践教学场地，针对呼叫服务、数据分析等业务进行校园交付模式开发，开发物流领域的具体运作服务外包、科技咨询服务外包等多种模式，形成学生参与企业经营活动的良好环境，将极大地有利于学生的实践能力培养。

以学校为核心，通过企业的实景环境再现，形成体验和运营中心，将有利于学校对实体资源的控制力的提升，更好地安排教学计划，并和企业形成硬件资源、软件资源、人力资源的互动新模式。学校可以结合实际培养目标开放第七学期和第八学期的教学时段，将学生的人力资源和企业直接对接，定制教学计划，开展特色型的教学课程并直接进行学分认定，实现学校与企业之间的智力、物力、财力全方位融合与统一。

这种模式将提升学校的教学效率，并有利于开展O2O的学习模式，是学校在对接人力资源细分市场条件下的新定位，将企业等社会资源纳入其中，有利于形成以学校为核心的闭环管理系统，将十分有利于应用型本科院校学校品牌的塑造。

未来随着社会的发展，物流专业人才培养模式将会得到进一步的创新，学校、企业等资源将会有更多跨界融合的机会，这些都将有利于物流人才的培养，促进物流产业服务水平的提升。

参考文献

［1］查有梁．教育建模［M］．南宁：广西教育出版社，2003.

［2］杜立红．专业英语教学改革初探［J］．辽宁行政学院学报，2007（2）：129－130.

［3］何亮，周细应，刘延辉．工科专业英语的教学模式创新［J］．上海工程技术大学教育研究，2006（1）：29－31.

［4］何晓凡，秦晓群，杨绿化，等．创建国家级实验教学示范中心初探［J］．实验室研究与探索，2008，27（5）：81－84.

［5］黄春林，孙宗禹．研究型教学模式之构想［J］．石油大学学报：社会科学版，2005（3）：105－108.

［6］黄秋爽，荀烨，李福奎，等．电子物流联盟研究［J］．物流科技，2010（2）：15－18.

［7］黄子蕴，孙颖楷，张晶晶．产学研联盟评价指标体系研究［J］．中国科技产业，2010（1）：90－91.

［8］李娟，金宏星，等．在高等工科院校中全面推广开放实验和大学生创新训练［J］．实验技术与管理，2007（8）：22－25.

［9］李莉，朱向宇，田菲，等．论我国物流人才的需求及培养［J］．物流技术，2009（2）：58－61.

［10］李学忠，李诗龙．包装工程专业实践教学模式的探索与思考［J］．中国包装，2007（3）：74－75.

［11］刘艳．物流专业“职业基础平台＋岗位群模块”课程模式构建

[J]. 职业技术教育，2009 (23)：19 - 21.

[12] 彭秋发. 工科应用型人才实践教学体系的设计与实施 [J]. 中国地质教育，2005 (4)：91 - 93.

[13] 史典义，汪洋，刘英. 高校实验教学改革模式的探讨 [J]. 职业圈，2007 (13)：69 - 70.

[14] 苏海亚，涂三广. 创建区域性校企合作联盟的实践研究 [J]. 职教论坛，2010 (22)：79 - 86.

[15] 孙银燕. 焕发绿色课堂生命 [J]. 思想政治课教学，2005 (1)：17 - 18.

[16] 田雪. 国际化实战型物流人才培养模式研究 [J]. 中国市场，2009 (10)：35 - 36.

[17] 王根顺，王辉. 研究型大学人才培养国际化的探索与实践 [J]. 国家教育行政学院学报，2009 (4)：32 - 37.

[18] 徐慧. 小议专业英语教学 [J]. 四川文理学院学报，2007 (6)：75 - 77.

[19] 伊继东. 创新人才培养模式的实践与思考 [J]. 国家教育行政学院学报，2009 (4)：7 - 10.

[20] 中共中央国务院关于深化教育改革全面推进素质教育的决定 [R]. 1999.

[21] 周郴知，丁洪生，冯俊，等. 创建国家级实验教学示范中心的探索与实践 [J]. 中国大学教学，2008，(2)：76 - 78.

[22] 周启海，郑树明，李燕. 对加强产学研政联盟提高科技创新能力问题的几点建议 [J]. 学理论，2010 (23)：249 - 250.

[23] 周文松. 研究型教学模式探讨 [J]. 海军院校教育，2004 (4)：52 - 53.

[24] LI QING - lIAN, SUN MING - BO. Investigation and Enlightenment of MIT Propulsion - series Courses Setting Schemes [J]. Journal of Higher Ed-

ucation Research. 2010，33（1）65 –67.

［25］LONG XIAN –ZHONG，WANG JING. Research on the Security System of the Interdisciplinary Organization Operation in Research – oriented Universities［J］. Journal of Higher Education Research. 2010，31（2）31 –34.

［26］PHILIP G. Altbach，Globalization and Internationalization［J］. Journal of Higher Education Research. 2010，31（2）12 –18.

［27］ZHAO FA – QI. On External Variables of the University Institution［J］. Journal of Higher Education. 2011，32（1）48 –52.